한나 아렌트의 말

한나 아렌트의 말

정치적인 것에 대한 마지막 인터뷰

한나 아렌트

윤철희 옮김

마음산책

옮긴이 윤철희

연세대학교 경영학과와 동 대학원을 졸업했다. 옮긴 책으로『이안』『타란티노 : 시네마 아트북』
『캐스린 비글로』『스탠리 큐브릭』『위대한 영화 1, 2』『히치콕』『지식인의 두 얼굴』『제임스 딘』
『클린트 이스트우드』『로저 에버트』『에퀴아노의 흥미로운 이야기』등이 있다.

한나 아렌트의 말

정치적인 것에 대한 마지막 인터뷰

1판 1쇄 발행 2016년 1월 25일
1판 11쇄 발행 2024년 4월 15일

지은이 | 한나 아렌트
옮긴이 | 윤철희
펴낸이 | 정은숙
펴낸곳 | 마음산책

등록 | 2000년 7월 28일(제2000-000237호)
주소 | (우 04043) 서울시 마포구 잔다리로3안길 20
전화 | 대표 362-1452 편집 362-1451   팩스 | 362-1455
홈페이지 | www.maumsan.com
블로그 | blog.naver.com/maumsanchaek
트위터 | twitter.com/maumsanchaek
페이스북 | facebook.com/maumsan
인스타그램 | instagram.com/maumsanchaek
전자우편 | maum@maumsan.com

ISBN 978-89-6090-256-5 03300

* 책값은 뒤표지에 있습니다.

혁명가는 길거리에
권력이 떨어져 있는 것이 언제인지를 알고,
그걸 집어 들 때가 언제인지를 아는 사람이에요.

■ 일러두기

1. 이 책은 『HANNAH ARENDT: THE LAST INTERVIEW AND OTHER CON-VERSATIONS』(2013)를 우리말로 옮긴 것으로 두 편의 인터뷰는 1964년에, 다른 두 편은 1970년과 1973년에 각각 이루어졌다. 원래 처음 세 인터뷰는 독일어로 진행되었고 「마지막 인터뷰」는 프랑스어와 영어로 진행되었으나 상기 책으로는 모두 영역 출간되었다. 각 인터뷰의 원출처는 다음과 같다.

「무엇이 남아 있느냐고요? 언어가 남아 있어요 What Remains? The Language Remains」

: First published in *Was bleibt? Es bleibt die Muttersprache*, Deutscher Taschenbuch Verlag, Munich, 1965.

「아이히만은 터무니없이 멍청했어요 Eichmann Was Outrageously Stupid」

: First published in *Eichmann war von empörender Dummheit. Gespräche und Briefe*, ed. Ursula Ludz and Thomas Wild, Munich, Piper, 2011, pages 36–60.

「정치와 혁명에 관한 사유—하나의 견해 Thoughts on Politics and Revolution: A Commentary」

: From *Crises of the Republic*, Harcourt Brace Jovanovich, 1972.

「마지막 인터뷰 The Last Interview」

: First published in the *Hannah Arendt Newsletter*, #2, December 1999, pages 52–61.

2. 외국 인명·지명·작품명 및 독음은 외래어표기법을 따르되 관용적인 표기와 동떨어진 경우 절충하여 실용적 표기를 따랐다.

3. 원주와 옮긴이 주 모두 글줄 상단에 맞추어 작게 표기했고 원주는 따로 밝혔다.

4. 원주에서 쪽수를 언급한 책들은 한글 번역본이 아니라 원서가 기준이다. 아울러 「찾아보기」 항목은 원주를 포함했다.

5. 국내에 번역된 책은 우리말 제목을 따랐고, 국내에 번역되지 않은 책은 원어 제목을 독음대로 적거나 필요한 경우 우리말로 옮기고 원어를 병기했다.

6. 영화명, 잡지와 신문 등의 매체명은 〈 〉로, 장편소설과 책 제목은 『 』로, 단편소설과 논문 제목, 기타 편명은 「 」로 묶었다.

아렌트 숨결이 깃든 대화록

김선욱 숭실대 철학과 교수

10여 년 전에 한국철학회에서 초청한 저명한 외국 철학자를 한 주간 동안 강연 통역도 하고 우리나라의 이곳저곳 관광 안내도 하면서 깊은 대화를 나누었던 적이 있다. 그분이 본국으로 돌아가시고 난 뒤에 그분이 저술한 책을 다시 읽었을 때 필자는 이상한 경험을 할 수 있었다. 책을 읽는데 마치 그 철학자가 바로 앞에서 말하는 듯 느껴졌던 것이다. 그리고 마치 행간에서 그분이 "내 생각은 이런 거야!" 하고 덧붙여 설명하는 듯이 글과 사람 사이의 공백이 메워지는 듯한 생각도 들었다. 이제 그분의 글이 단순한 글이 아니라 숨결이 담긴 말로서 내게 다가온 것이다.

이런 경험을 아렌트에게서 해본 적은 없다. 상당히 오랫동안 아렌트의 저술들을 손에서 놓지 않고 지냈지만 그녀의 책은 항상 긴장감을 갖고 읽어야 하는 난해한 텍스트였다. 내로라하는 영어 실력자들도 종종 오역을 만들어내는 그녀의 길고 정교한 문장들은 그녀의 숨결을 느끼도록 결코 허락하진 않았다. 물론 그녀를 직접 만난 적도 없었다. 아렌트가 타계한 1975년에 필자는 유신 치하의 한국을 가장 바람직한 민주주의, 즉 토착적 민주주의를 이룩한 나라로 철석같이 믿으며 중학교를 다니고 있었으니 말이다.

그런데 이번에 이렇게 묶여 출판되는 네 편의 인터뷰는 비록 글로 이루어진 것이긴 해도 마치 아렌트와 직접 대화를 나누듯 그녀의 사상 속에 담긴 숨결을 어느 정도 느낄 수 있게 해주는 것 같아 무척 반갑다. 이 대화록들에서 아렌트는 자신의 주요 저술들을 읽으면서 갖게 되는 궁금증들에 대해서 마치 독자에게 직접 말하듯 설명한다. 여러 질문들이 질문자에 의해 이러저러한 방식으로 달리 표현되고, 또 직설적인 방식의 설명이 주어진다. 이 중 첫 번째 인터뷰는 이미 흑백 영상으로 국내에도 널리 유포되어 있어 아렌트에게 관심이 있는 여러 사람들이 직접 보았던 것이고 또 그 번역도 이미 소개가 되어 있다. 세 번째 인터뷰는 부족하나마 필자가 번역했던 『공화국의 위기』(1972)에 수록되어 있기도 하다. 처음 소개되는 두 번째와 네 번째 인터뷰는 또한 아렌트 생각의 중요한 문제들을 해명하고 또 새로운 면을 드러내고 있어서, 아렌트를 보다 생생하게 그리고 친밀하게 만날 수 있는 계기를 갖게 해준다.

대담이 이루어진 연대는 1964년과 1970년 그리고 1973년이다. 1964년은 『예루살렘의 아이히만』(1963)이 출간된 지 얼마 지나지 않은 시점이어서, 약간의 시간 차를 두고 이루어진 처음 두 편의 대담에서는 그런 긴장이 느껴진다. 특히 두 번째 대담에는 첫 번째 대담에는 없는 대화의 강렬함과 주제에 대한 집중이 담겨 있다. 각 대담들은 그 대담이 이루어진 시기에 앞서 있었던 중요한 정치적 사건들과, 그 시점에 출간된 저술들과의 연관 속에서 이루어지고 있어서, 이 대담집을 잘 이해하고 활용하는 방법은 각 대화와 연관된 사건과 저술 들을 시기적으로 함께 살펴보는 것이다. 따라서 대담들에서 이루어진 주요 주장에 대한 정리는 각자의 독서를 위해 남겨두고, 대담과 관련하여 짚어봐야 할 것들에 대해 집중해보도록 하자.

첫 번째 대담은 아렌트 사상 전반에 대한 질문을 중심으로 진행된다. 이때는 그녀를 유명한 혹은 논란이 많은 학자의 대열로 올려놓았던 『전체주의의 기원』(1951)이 이미 출간되고 수정판까지 나왔던 때고, 또한 그녀의 가장 중요한 저술로 꼽을 수 있는 『인간의 조건』(1958)도 이미 출간되어 있었다. 그 외에도 『혁명론』(1963)이 이미 출간되었고, 『예루살렘의 아이히만』이 갓 나왔던 시점이다. 『예루살렘의 아이히만』은 책으로 출간되기 전인 1963년 2월부터 〈뉴요커〉라는 잡지에 다섯 차례로 나누어 게재되었고, 이에 대해 게르숌 숄렘과의 공개 서신 교환이 이루어져 있었다. 이 서신 교환에서 숄렘은 "네가 과연 유대인의 딸이냐?"라는 투의 공격을 했고, 아렌트는 "사랑이란 개인 간에 이루어지는 것이지 국가에 대한 사랑, 민족에 대한 사랑 따위는 무의미할 뿐 아니라 위험하기까지 하다" 하고 말하면서 양자 간의 긴장의 수위가 아주 높았던 터라서 여기에 대한 질문과 아렌트의 대답이 대담 속에 담겨 있다.

또한 독일을 떠났다가 1950년대에 와서 미국 시민이 되어 독일을 방문한 아렌트에 대한 독일 언론의 관심이 많이 표명되어 있다. 물론 이때 아렌트가 독일을 처음으로 다시 방문했던 것은 아니지만, 위와 같은 저술과 논쟁으로 아렌트는 독일 지성계의 주목의 대상이 되어 있었던 터다. 1906년에 독일 하노버에서 출생하여 어린 시절에 부모를 따라 칸트의 도시인 쾨니히스베르크에서 어린 시절을 보내고 독일 대학에서 교육을 받은 그녀는 1933년에 나치를 피해 독일을 떠나 프랑스로 갔다가 30

대 중반인 1941년에 미국으로 건너갔다. 이후 아렌트가 대부분의 저술 활동을 영어로 했음에도 불구하고 그녀의 정신세계를 지배하고 있는 언어는 독일어였다. 아렌트는 자신의 모어(혹은 모국어)가 독일어라고 여기서 말하고 있다.(2012에 나온 영화 〈한나 아렌트〉에는 뉴욕 맨해튼에 있는 자신의 아파트에서 저술에 임하는 모습이 나온다. 자신의 생각을 영어로 말하면 비서가 더 나은 영어 표현을 제안하고 아렌트가 좋다고 생각하면 타이핑하는 방식으로 저술 작업이 이루어지고 있었다.)

아렌트 정치사상의 정돈된 모습이 드러나는 것은 『인간의 조건』에서다. 그녀의 최초의 주저인 『전체주의의 기원』에서도 일관된 정치관이 드러나지만, 그 내용이 구체적으로 표명되는 것은 『인간의 조건』인 것이다. 이 시기 그녀 사상의 성숙 과정을 잘 보여주는 것은 『정치의 약속』(2005)에 담긴 글들이다. 이 책은 아렌트 사후에 나온 일련의 유고집 가운데 하나로 1950년대의 숙고의 내용을 담고 있다. 『정치의 약속』에 나오는 첫 번째 논문은 정치가 철학과 연결될 때 어떤 위험에 빠지는지를 소크라테스와 플라톤을 비교하면서 잘 보여준다. 아렌트에게 정치철학이란 말은 마치 '둥근 사각형'과 같은 형용모순으로 간주된다. 절대진리를 추구하는 철학과, 다양성(아렌트는 이를 인간의 복수성이라 표현한다)을 존중하고 차이를 그 자체로서 다루어야 하는 정치는 서로 어울릴수 없는 성격을 갖고 있다는 것이다. 이런 생각을 바탕으로 아렌트는 자신을 정치철학자라고 부르기를 거부하고 정치이론가를 자임한다.

특별히 강한 흥미를 유발하는 대담은 두 번째 대담이 아닌가 싶다. 여기서 『예루살렘의 아이히만』과 관련된 내용에 집중하고 있기 때문이다. 특히 아이히만 재판과 관련된 '악의 평범성' 개념을 잘 설명하고 있다. '악의 평범성'이라는 표현은 'the banality of evil'을 필자가 그 책을 부족하지만 우리말로 옮기면서 선택했던 번역어다. 이때 banality는 '평범' '낡아빠짐' '익숙해짐' '진부성' 등을 뜻한다. 일본에서는 '진부성'이라고 번역을 했으나 사실 '진부성'이나 '평범성' 두 단어 모두 아렌트의 의미를 정확하게 전달하는 것은 아니다. 또한 이 표현 자체도 그렇지만 아렌트의 글은 다소의 풍자 혹은 냉소를 담고 있어서 '악의 평범성' 개념도 그러한 냉소를 어느 정도 포함하고 있다고 보아야 한다. 그런데 다행스럽게도 이 두 번째 대담에서 아렌트는 이 개념의 의미를 아주 명확하게 설명한다. 즉, 누군가와 대화를 나눌 때, 그 사람이 내게 처음 듣는 이야기를 전해줄 수도 있다. 그런데 그 내용이 내게 아주 평범한 성격을 가질 수 있다. 이 경우 우리는 "너무 평범해!" "별로 안 좋아" 하고 말할 수 있다. 이때 평범하다는 것은 특별할 것이 없다는 뜻으로 이해할 수 있지만, 그럼에도 흔해빠진 것이나 아주 익숙해 있는 것이라고 할 수는 없다. 아렌트는 이처럼 '평범하다'라는 말이 '흔하다'라는 의미와는 완전히 다르다고 강조한다.(이런 강조를 하고 있다는 점에서도 '평범성'이라는 표현이 '진부성'보다 더 나은 번역어라고 말하고 싶다.)

이와 같은 지적과 더불어 아렌트는 악의 평범성에 대해 "우리 모두의 내면에 아이히만이 있고, 우리 각자는 아이히만과 같은 측면을 갖고 있다"라는 식으로 이해하는 것은 잘못된 것이라고 말한다. 악의 평범성 개념의 핵심은 남의 입장에서 생각해보는 데 있다고 아렌트는 강조한다. 남의 입장에서 생각하기를 못하는 것이 아이히만에게서 보이는 악의 참모습이라는 것이다.

이 대화를 통해 또 한 가지 분명하게 해명되는 것은 '악의 평범성'이 모든 악을 설명하는 유일한 장치 혹은 전가의 보도와 같은 것은 아니라는 점이다. 예컨대 히틀러에 대해 아렌트는 '살인 본능을 가진 살인자'

라고 말하고 있고, 또 사디스트인 악인도 있다고 말한다. 아렌트가 거부하는 것은 악인을 '악마의 화신'으로 여기면서 각 사람이 져야 할 마땅한 책임을 면할 수 있는 논리를 세우는 것과, 악에 무엇인가 큰 매력이 있고 힘이 있으며 실체가 존재하는 것처럼 여기는 태도인 것이다. 아우구스티누스를 따라 아렌트는 악에는 아무런 깊이도 없다는 생각을 피력하며, 다만 생각이 없는 가운데 엄청난 일을 저지르면서 자신이 하고 있는 일의 의미를 전혀 인식하지 못하는 상태를 비판하고자 한다.

세 번째 대담은 두 번째 대담과 다소 시간적 거리를 두고 있다. 이 대담이 이루어진 시기 앞뒤로 『공화국의 위기』(1972)에 실린 논문들이 출간되었다. 따라서 이 대담에는 『공화국의 위기』의 논문들이 다룬 사건들이 많이 나오는데, 1960년대에 미국과 유럽을 풍비한 학생운동과 흑인인권운동과 연관하여 시민불복종의 문제, 그리고 나아가 운동의 과정에서 나타나는 폭력과 권력의 본질 및 관계의 문제들을 다루고 있다. 그런데 이와 동시에 『혁명론』의 주요 테제 또한 거론되는데, 특히 '공적 행복'의 문제와 '평의회 체제' 문제가 흥미 있게 다루어진다.

또한 이 대담에서는 아렌트가 「폭력론」에서 언급한 "제3세계는 실제가 아니라 하나의 이데올로기다"라는 명제가 다시 언급되고 있다. 미국에서 활동하고 있는 저명한 정치철학자 정화열 교수는 바로 이 구절이 가장 실망스러운 부분이라고 비판한 적이 있었다. 수십 년간 정치사상을 강의하면서 『공화국의 위기』를 반드시 텍스트로 활용하였으나 이 부분만큼은 동의할 수 없었다는 정화열 교수에 대해 아렌트가 충분히 만족할 만한 답변 혹은 반박을 제시하고 있는지 독자 여러분께서 깊이 읽고 판단해보시길 바란다.

아렌트의 마지막 대담이자 이 책의 네 번째 대담에는 과연 마지막 대담에 걸맞게 여러 주제를 포괄적으로 다루고 있다. 물론 아렌트나 대담자 모두에게 이 대담이 마지막이 될 것이라고 예상되었던 것은 아니다. 이 대담의 편집 기술 덕분으로 포괄적인 성격을 가지게 되었다고 할 수 있을 것이다.

『공화국의 위기』의 주제인 정치에서의 거짓말 문제가 다시 흥미롭게 다루어지고 있는 것이 마지막 대담의 한 가지 특징이다. 이 내용은 미국의 베트남 참전의 문제를 폭로한 소위 '펜타곤 문서'와 연관된 것으로 정치에서 이루어지는 진실의 은폐와 거짓의 문제에 대한 것인데, 이를 '국가이성' 개념과 직결시켜 논의를 풀어간 것이 흥미롭다.

이 마지막 대담에서 가장 흥미로웠던 부분은 아렌트가 자신을 두고 '자유주의자가 아니다'라고 명확하게 주장하는 점이다. 미국은 자유민주주의 국가고, 미국의 전통을 사랑했던 아렌트가 스스로를 자유주의 혹은 자유주의자의 입장과 거리를 둔 것은 무슨 이유일까? 아렌트는 "몽테스키외가 자유주의자인가요?" 하고 반문하고 있는데, 아렌트가 자유주의가 아닌 다른 무엇에서 미국 혁명의 추동력, 그리고 현대 정치의 문제에 대한 해결을 찾으려 했다고 보아야 할 것이다. 아렌트에게 '그 무엇'이 과연 무엇인가라는 것이 더 이상 비밀일 수는 없다. 그것은 공화주의, 곧 아렌트적 공화주의인 것이다.

끝으로 언급하고 싶은 것은 이 대화록에서 사용된 아렌트의 주요 개념에 대한 번역이다. 대체로 기존의 번역들에서 사용한 개념들과 일치되도록 하였으나 반드시 그리되지는 않았다. 어떤 경우는 일반인과의 대화라는 상황에 맞는, 비교적 쉽게 이해할 수 있는 번역어 사용을 그대로 두었는데, 예를 들면 nation-state를 '국민국가'로 번역하지 않고

'민족국가'로 번역한 것과 legitimacy를 '적법성' 혹은 '정통성'이 아니라 '정당성'이라고 번역한 것 등이 여기에 해당한다. 이런 경우에 오해를 피하기 위하여 대체로 영어를 병기하는 방법을 편집팀에서 취했는데 이는 보다 전문적인 독자들을 만족시킬 수 있는 장치라고 생각된다. 가끔씩 대담의 생생함에 초점을 맞추려다 보니 일부 문장의 번역이 치밀하지 못한 부분들이 보이긴 하지만, 그럼에도 불구하고 이 대담집이 아렌트를 더 깊이 알아가는 데 좋은 길잡이가 될 수 있으리라는 점은 분명하다. 글 앞에서 말한 것처럼, 일인칭 화자를 나타내는 대명사를 활용해 이루어지는 이 네 편의 대화록은 아렌트의 사상에서 그 숨결을 느낄 수 있게 해주는 좋은 자료이기 때문이다.

김선욱

숭실대 철학과 교수, 가치와윤리연구소 소장. 뉴욕주립대학교 버펄로대학에서 철학 박사 학위를 받았고 뉴스쿨에서 풀브라이트 연구교수를 지냈다. 지은 책으로 『정치와 진리』 『한나 아렌트 정치판단 이론』 『행복의 철학』 『아모르 문디에서 레스 푸블리카로』, 옮긴 책으로 『예루살렘의 아이히만』 『공화국의 위기』 『정치의 약속』 『칸트 정치철학 강의』 등이 있다.

차례

사유한다는 말은 항상 비판적으로 생각한다는 뜻이고,

비판적으로 사유하는 것은

늘 적대적인 태도를 취하는 거예요.

미국에서, 1944

무엇이 남아 있느냐고요? 언어가 남아 있어요

당시 저명한 저널리스트였고 훗날 빌리 브란트 정부의 고위 관료였던 권터 가우스가 한나 아렌트와 가진 이 대화는 1964년 10월 28일에 서독 TV로 방송됐다. 권터 가우스는 아돌프그림메상Adolf Grimme Prize, 독일 TV 프로그램에 수여하는 명예 높은 상을 수상한 이 인터뷰를 이듬해인 1965년에 뮌헨에서 출판한 책 『추어 페르손Zur Person』에 "Was bleibt? Es bleibt die Muttersprache(무엇이 남았느냐고요? 모어母語가 남았어요)"라는 제목으로 실렸다. 조앤 스탬보Joan Stambaugh, 헌터칼리지 명예교수가 영어로 옮긴 이 번역본은 제롬 콘Jerome Kohn이 편집한 『이해에 관한 에세이Essays on Understanding』(하코트 브레이스 조바노비치, 1994)에 처음 실렸다.

아렌트가 그가 진행하는 인터뷰 시리즈에 참여한 첫 여성이라는 말로 대화를 시작한 가우스는 곧바로 그녀가 "대단히 남성적인 직업"을 가졌다는, 즉 철학자라는 사실을 강조하는 것으로 대화를 잇는다. 그리고 이 언

이 인터뷰는 1964년 10월 28일 독일 ZDF 텔레비전의 정치·시사 프로그램 〈추어 페르손Zur Person〉에서 나눈 대화다. 저널리스트이자 정치인 권터 가우스(Günter Gaus, 1929~2004)가 과학자, 정치인, 예술가 등과 밀도 있는 이야기를 나누던 이 프로그램은 1963년부터 2003년까지 방송됐다.

급은 그의 첫 질문으로 이어진다―세상의 인정을 받고 많은 존경을 받는 아렌트도 여자라는 이유 때문에 "자신이 철학계에서 수행하는 역할"을 독특한 것으로 인식하는가? 아렌트는 대답한다.

아렌트 미안하지만 그 말에는 동의 못하겠어요. 나는 철학계에 속하지 않아요. 내 전공은, 전공이라고 굳이 말해야 한다면, 정치이론political theory이에요. 당신이 친절하게 지적한 것과는 달리 나는 철학자처럼 느끼지도 않고, 철학계가 나를 그들의 일원으로 받아들였다고 믿지도 않아요. 그리고 당신이 인터뷰를 시작하면서 던진 다른 질문에 대해 할 말이 있어요. 그러니까 사람들이 일반적으로 철학을 남성적인 직업으로 생각한다는 얘기 말이에요. 철학이 남성적인 직업으로 남을 필요는 없어요! 언젠가는 여성이 철학자가 되는 일도 전적으로 가능해질 거예요……이곳과 책 여러 곳에 등장하는 말줄임표는 원문에 있는 것으로, 원문을 생략했다는 표시가 아니다―원주.

가우스 나는 당신을 철학자로 간주합니다만…….

아렌트 당신이 그렇게 생각한다면야 나로서는 어쩔 도리가 없지만 내 생각에 나는 철학자가 아니에요. 나는 철학에 완전히 작별을 고했다고 생각해요. 당신이 알듯 내가 철학도였던 건 사실이지만 그게 내가 철학을 계속해왔다는 뜻은 아니에요.

가우스 정치이론 교수로서 당신이 하는 연구와 정치철학political

philosophy의 차이점을 당신에게 더 자세히 들어봐야 할 것 같군요.

아렌트   '정치철학'이라는 표현은 전통 때문에 극도로 심한 피해를 받고 있어요. 나는 그 표현을 피하는 편이에요. 나는 그와 관련된 사안들을 학문적으로건 비학문적으로건 얘기할 때마다 철학과 정치 사이에는 필수적인 긴장 상태가 존재한다고 늘 언급하고는 해요. 무슨 말이냐면, 사유하는 존재로서의 인간과 행위하는 존재로서의 인간 사이에는 예컨대 자연철학natural philosophy에는 존재하지 않는 긴장이 있어요. 철학자 역시 다른 모든 사람처럼 자연에 관해서는 객관적일 수 있어요. 자연에 대해 자신이 생각하는 바를 말할 때는 전 인류의 이름을 내걸고 의견을 피력할 수도 있고요. 하지만 제아무리 철학자라도 정치에 관해서는 객관적이거나 중립적일 수 없어요. 플라톤 이후로 누구도 그러지 못했어요!

가우스   무슨 말인지 잘 알겠습니다.

아렌트   극히 일부를 제외하면 대다수 철학자는 정치에 대한 일종의 적대감 같은 것을 품고 있어요. 칸트가 그 '극히 일부'에 속해요. 이런 적대감은 전체 사안에 극도로 중요해요. 그건 개인적인 문제가 아니니까요. 적대감은 주제 자체의 본질에 깔려 있어요.

〈추어 페르손〉에 출연한 한나 아렌트의 모습 (1964)

가우스 당신은 정치를 향한 이런 적대감을 조금도 원치 않겠군요. 그런 적대감이 당신의 연구를 방해할 거라고 믿으니까요.

아렌트 "나는 이런 적대감을 조금도 원치 않는다", 정확한 표현이에요! 나는 정치를, 말하자면 철학 때문에 흐릿해지지 않은 밝은 눈으로 보고 싶어요.

가우스 이해가 됩니다. 자, 이제 주제를 여성해방women's emancipation 문제로 돌려보죠. 이 주제가 당신에게 문젯거리였던 적이 있나요?

아렌트 물론이죠. 그런 문젯거리는 늘 존재해요. 사실 나는 상당히 고루한 사람이에요. 세상에는, 이런 표현을 써도 된다면, 여성에게는 적합하지 않은, 여성에게는 어울리지 않는 직업들이 있다고 나는 늘 생각해왔어요. 여자가 이래라저래라 명령하는 모습은 그냥 보기가 좋지 않아요. 여성스러운 존재로 남아 있고 싶은 여자는 그런 상황에 처하지 않으려고 애써야 마땅해요. 이 문제에 대한 내 생각이 옳은지 그른지 여부는 나도 몰라요. 나 자신은 거의 무의식적으로—아니, 거의 의식적으로라고 말하는 편이 낫겠네요—늘 이런 사고방식에 부합하게 살아왔어요. 개인적으로 이 문제는 그 자체로는 내 인생에서 아무런 역할도 수행하지 못했어요. 단순하게 말해, 나는 늘 내 마음에 드는 일들을 해왔어요.

가우스 　당신의 저작은 정치적 행위action와 행동behavior이 발생하는 조건들에 대한 지식을 굉장히 깊이 있게 다룹니다. 이에 대해서는 나중에 자세히 논의하도록 하죠. 당신은 이런 저작들을 통해 폭넓은 영향력을 끼치기를 원하나요? 아니면 요즘 시대에 그런 영향력은 더 이상 가능하지 않다고 믿나요? 그것도 아니면 그런 건 그냥 중요하지 않다고 치부하나요?

아렌트 　글쎄요, 그건 간단한 질문이 아니에요. 정말로 허심탄회하게 말해야 한다면 이렇게 말하겠어요. 나는 연구를 할 때는 내 연구가 사람들에게 끼칠지도 모르는 영향에 대해서 전혀 신경 쓰지 않는다고요.

"내 기억력이 내 생각을 모두 기억할 정도로 좋다면
나는 글 쓰는 작업을 하지 않을 것 같아요"

가우스 　연구를 끝냈을 때는요?

아렌트 　그러면 연구를 끝낸 거죠. 나한테 중요한 것은 내가 다루는 주제를 이해하는 거예요. 내게 저술은 이런 이해를 추구하는 문제이자, 이해하는 과정의 일부예요⋯⋯. 책을 집필하다 보면 저절로 표현되는 것들이 분명 있어요. 내 기억력이 내 생각을 모두 기억할 정도로 좋다면 나는 글 쓰는 작업을 하지 않을 것 같아요. 나 자신이 무척 게으른 인간이라는 걸 잘 아니까요. 나한테 중요한 것은 사유 과정 자체예요. 나는 무엇

24

인가 철저히 사유하는 데 성공할 때 개인적으로 상당한 만족감을 느껴요. 내 사유 과정을 글로 적절하게 표현하는 데 성공할 경우에도 만족감을 느끼고요.

내 저작이 남들에게 미치는 영향에 대해 물어봤죠? 비아냥조로 말하자면, 그건 마초적인 질문이에요. 남자들은 늘 엄청난 영향력을 가진 존재가 되고 싶어 해요. 나는 남자들의 그런 성향을 이를테면 허울만 그럴싸하지 실속은 없는 문제로 봐요. 나 자신을 영향력 있는 사람이라고 상상하느냐고요? 아뇨. 나는 세상을 이해하고 싶어요. 다른 사람들이—내가 이해한 것과 같은 의미로—세상을 이해한다면 나는 그 사실에서 편안함과 만족감을 얻을 거예요.

가우스 글을 쉽게 쓰는 편인가요? 머릿속에 든 생각들을 쉽게 표현하는 편인가요?

아렌트 그럴 때도 있고 그러지 못할 때도 있어요. 대체로 보면 머릿속에 떠오른 생각을 글로 옮길 수 있을 때까지는 한 글자도 쓰지 못하는 편이에요.

가우스 쓰려는 글에 대한 생각을 철저히 마친 다음에야 글을 쓰는 거군요.

아렌트 맞아요. 나는 내가 쓰고 싶은 글을 정확히 알아요. 글을 쓰고 싶다는 생각이 들기 전에는 쓰지 않아요. 보통은 앉은자리에서 단번에 쓰는 편이에요. 글 쓰는 속도가 비교적 빨라요. 타자 치는 속도가 내 집필 시간을 좌우하죠.

가우스 오늘날 당신 연구의 중심에는 정치이론에 대한, 정치적 행위와 행동에 대한 관심이 자리 잡고 있습니다. 이런 점에서 나는 당신이 숄렘 교수독일 태생의 시오니스트 · 사학자이자 저명한 유대교 신비주의학자인 게르숌 숄렘(Gershom Scholem, 1897~1982)은 한나 아렌트의 오랜 지인이었다. 그는 1963년 6월 23일 그녀에게 『예루살렘의 아이히만』에 대한 대단히 비판적인 서신을 썼다. 〈인카운터〉지 22호(1964)에 실린 「예루살렘의 아이히만: 서신 교환Eichmann in Jerusalem: An Exchange of Letter」을 보라. 여기 인용된 문구는 아렌트가 보낸 1963년 7월 24일 자 답장에서 가져왔다—원주와 주고받은 서신에서 꽤나 흥미로운 내용을 봤습니다. 인용하자면, 당신은 편지에 "저는 젊은 시절에는 정치나 역사에 관심이 전혀 없었습니다"라고 썼습니다. 미스 아렌트, 당신은 1933년에 독일을 떠난 유대인입니다. 당시 당신은 스물여섯 살이었습니다. 당신이 정치에 관심을 갖게 된 것은—정치와 역사에 무관심한 태도를 버린 것은—이 사건들과 관련이 있나요?

아렌트 물론이죠. 1933년에 그런 사건들에 무관심한 태도를 보이는 건 더 이상 가능한 일이 아니었어요. 그보다 훨씬 전부터 가능한 일이 아니었죠.

가우스 당신에게도요?

아렌트　　　물론이죠. 나는 신문을 여러 종 탐독했어요. 이런저런 의문을 품었고요. 정당에 입당하지는 않았고 그럴 필요도 느끼지 않았어요. 나는 나치가 정권을 잡을 거라고 1931년에 확신했어요. 남들과 그 문제에 관해 늘 논쟁을 벌였지만 독일을 떠나기 전까지는 그 문제들에 대해 체계적으로는 제대로 신경 쓰지 않았어요.

가우스　　　당신이 방금 한 얘기에 대해 다른 질문이 있습니다. 나치가 정권을 잡는 걸 막을 도리가 없다고 확신했다면 그걸 막기 위해 무슨 일이건—예를 들어 다른 정당에 입당하는 것 같은—활발히 해야 한다는 느낌을 받지는 않았나요? 아니면 그런 활동이 그럴 만한 의미가 있는 일이라고 더 이상 생각하지 않은 건가요?

아렌트　　　개인적으로 밖에 나가서 할 만큼 의미 있는 활동이라고는 생각하지 않았어요. 그런 생각을 했다면—지금 와서 그때를 돌아보며 말하기가 무척이나 힘드네요—무슨 일이건 했을 거예요. 나는 그런 활동은 가망이 없다고 생각했어요.

"단순히 방관자로서
세상을 살아갈 수 있다는 생각을
더 이상은 하지 않게 됐어요"

가우스　　　당신이 기억하기에 그 시절 당신을 정치적인 사람으로 바꿔

파리 망명 후 2년 뒤의 모습 (1935)

놓은 뚜렷한 사건이 있나요?

아렌트   1933년 2월 27일에 일어난 독일의사당 화재당시 열세던 나치가 이 사건을 계기로 독일공산당을 매도해 정권을 장악했다를, 그리고 뒤이어 밤 중에 자행된 불법체포들을, 이른바 보호감호protective custody들을 꼽겠어요. 당신이 알듯, 사람들이 게슈타포의 지하실이나 집단 수용소로 끌려갔어요. 당시 자행된 일들은 도무지 말도 안 되는 일이지만, 지금은 그 뒤에 일어난 사건들에 가려 제대로 된 평가를 받지 못하고 있죠. 그 사건에서 직접적인 충격을 받은 나는 바로 그 순간부터 책임감을 느꼈어요. 다시 말해 나는 이런 판국에 단순히 방관자로서 세상을 살아갈 수 있다는 생각을 더 이상은 하지 않게 됐어요. 나는 많은 방식으로 사람들을 도우려고 애썼어요. 그런데 내가 실제로 독일을 떠나게끔 만든 사건은…… 그 사건을 말해야 옳은지 모르겠네요. 대수롭지 않은 사건이라 그 얘기는 해본 적이 없거든요.

가우스   말씀 부탁드립니다.

아렌트   어쨌든 나는 독일을 떠날 작정이었어요. 그날 밤 사건 즉시 유대인은 독일에 머물 수 없을 거라는 생각이 들었어요. 어떤 형태로건 2등 시민second-class citizen으로서 독일에 머물려는 의도도 없었어요. 게다가 상황은 갈수록 악화되기만 할 거라고 생각했어요. 그럼에도 결국에 나는 비폭력적인 방식으로 독일을 떠나지는 못했어요. 그 사실이 확실히 만족스러웠다는 얘기는 꼭 해야겠네요. 나는 체포됐고, 독일을 불법적으로 떠나야 했는데—자초지종은 조금 후에 말씀드리죠—그런 상황이 내 입장에서는 대단히 만족스러웠어요. 내가 적어도 무슨 일인가 해냈다는 생각이 들었어요! 최소한 나는 '무고'하지는 않았어요. 나를 무고하다고 말할 수 있는 사람은 아무도 없었어요!

시오니스트 조직에서 나한테 기회를 줬어요. 나는 그 조직의 주도적인 인사 몇 명과, 누구보다도 당시 회장이던 쿠르트 블루멘펠트Kurt Blumenfeld, 1884~1963하고 친한 사이였어요. 하지만 나는 시오니스트는 아니었어요. 시오니스트들도 나를 개종시키려고 하지 않았고요. 그렇기는 해도 나는 어떤 의미에서는 그들로부터 영향을 받았어요. 특히 비판에 의해, 시오니스트들이 유대인들 사이에 퍼뜨린 자기비판에 의해서요. 나는 거기서 강한 인상도 받고 영향도 받았어요. 하지만 나는 정치적으로는 시오니즘하고 아무런 관련이 없었어요. 아무튼 1933년에 블루멘펠트하고, 당신은 모르는 누군가 나한테 다가와서 말했어요. "우리는 일상적인 상황에서 언급되는 모든 반유대주의적 표현을 한데 수집하고 싶소." 예를 들어 클럽들에서, 모든 종류의 전문직 종사자들이 가입한 클럽들에서 언급되는 표현들, 모든 전문직 종사자 저널에 등장하는 표현들—요약하자면 외국에는 알려져 있지 않은 종류의 표현들을 말하는 거였죠. 당시에 그런 수집을 기획하는 것은 나치가 '공포 프로파간다horror propaganda'라고 부르는 활동에 관여하는 거였어요. 그런 활동을 할 수 있는 시오니스트는 아무도 없었어요. 발각될 경우에는 조직 전체가 노출되니까요……. 그들이 나한테 "그 일을 하겠소?" 묻기에 대답했어요. "물론이죠." 무척 기뻤어요. 우선 내 눈에 그건 대단히 똑똑한 아이디어로 보였고 둘째, 나는 그 활동을 통해 결국 내가 무슨 일인가 해낼 수 있겠다는 느낌을 받았거든요.

가우스   그 작업 때문에 체포됐나요?

아렌트   네. 발각됐지만 무척 운이 좋았어요. 나를 체포한 관리와 친해진 덕에 여드레 후에 풀려났죠. 매력적인 사람이었어요! 일반 형사사건을 담당하는 경찰로 일하다 정치 부서로 막 영전한 사람이었어요. 그는 자기가 할 일이 뭔지 감도 잡지 못했어요. 그는 무슨 일을 해야 했을까요? 그가 나한테 계속 말하더군요. "내가 하는 일은 보통은 누군가를 앉혀놓고 서류를 확인하는 겁니다. 그러면 사건 진행 상황을 알 수 있죠. 그런데 당신을 상대로는 무슨 일을 해야 할까요?"

가우스   베를린에서 그런 건가요?

아렌트   베를린에서 그런 거예요. 불행히도 나는 그를 속여야 했어요. 조직이 노출되게 놔둘 수는 없었으니까요. 나는 그 사람한테 말도 안 되는 얘기들을 늘어놓았고 그는 연신 말했어요. "당신을 잡아오기는 했지만 다시 풀어줄 겁니다. 변호사는 선임

하지 마요! 유대인들은 요즘에는 돈이 없으니까요. 돈을 아끼도록 해요!" 그러는 사이 조직에서 나한테 변호사를 붙여줬어요. 당연한 말이지만 조직원들을 통해서요. 나는 그 변호사를 돌려보냈어요. 나를 체포한 이 남자가 인상이 대단히 좋고 솔직했거든요. 나는 그에게 의지하면서, 그가 두려워하는 변호사들과 함께하는 것보다는 그에게만 의존하는 편이 훨씬 더 가망 있겠다고 생각했어요.

가우스   그러다 풀려나 독일을 떠날 수 있었고요?

아렌트   풀려나기는 했지만 국경은 불법적으로 넘어야 했어요……. 내 이름이 아직도 명단에서 지워지지 않은 상태였거든요.

가우스   미스 아렌트, 우리가 언급한 서신에서 당신은, 당신이 유대인들과 유대감을 느껴야 한다는 점을 늘 유념해야 옳다는 숄렘의 불필요한 경고를 분명하게 거부합니다. 당신이 쓴 글을 다시 인용하겠습니다. "제가 유대인이라는 것은 제 인생에서 의심할 나위 없는 사실입니다. 저는 그 사실과 관련해서는 무엇도 절대 바꾸고 싶지 않습니다. 심지어 어렸을 때도 그랬습니다." 이와 관련해서 두어 가지 물었으면 합니다. 당신은 1906년에 하노버에서 엔지니어의 딸로 태어나 쾨니히스베르크에서 자랐습니다. 전전戰前 독일에서 유대인 가정 출신이라는 것이 어린아이에게 어떤 느낌이었는지 기억하나요?

아렌트 나는 그 질문에는 모두가 고개를 끄덕일 만한 충실한 대답을 할 수가 없어요. 개인적인 기억에 나는 내가 유대인 가정 출신이라는 걸 몰랐어요. 우리 어머니는 종교를 조금도 믿지 않았어요.

가우스 아버님은 요절하셨죠.

아렌트 젊은 나이에 세상을 떠나셨죠. 그 모든 게 굉장히 이상하게 들려요. 우리 할아버지는 자유주의적liberal 유대인 공동체의 회장이자 쾨니히스베르크 시 공무원이었어요. 나는 유서 깊은 쾨니히스베르크 가정 출신이에요. 그랬는데도 내가 꼬맹이였을 때 '유대인'이라는 단어는 한 번도 언급되지 않았어요. 나는 길거리에서 어린애들이 하는 반유대주의 발언들을 통해 그 단어를 처음 접했어요—다시 입에 담을 가치가 없는 발언들이죠. 그 뒤로 나는, 말하자면 "눈을 떴어요".

가우스 눈을 뜬 건 충격이었나요?

아렌트 아뇨.

"내가 뭔가 특별한 존재라는 기분이 들었느냐고요?
그랬죠!"

가우스 '이제 나는 뭔가 특별한 존재다'라는 식의 기분이 들었나요?

아렌트   그건 좀 다른 문제예요. 그 일은 나한테 전혀 충격적이지 않았어요. 혼자 생각했죠. '사실이 그런 거잖아.' 내가 뭔가 특별한 존재라는 기분이 들었느냐고요? 그랬죠! 하지만 지금은 당신에게 더 이상 그 문제를 설명할 수가 없어요.

가우스   어떤 면에서 당신이 특별하다고 느꼈나요?

아렌트   객관적으로 말해 그건 내가 유대인이라는 사실과 관련이 있었다고 생각해요. 예를 들어 어린아이―그 무렵에는 약간 나이를 먹은 아이―로서 나는 내가 유대인처럼 생겼다는 걸 알았어요. 생김새가 다른 아이들하고 달랐어요. 나는 그 사실을 매우 잘 의식했지만 외모 때문에 열등감을 느끼지는 않았어요. 그냥 생긴 게 그런 거잖아요. 게다가 우리 어머니도 우리 집도 평범한 어머니와 가정하고는 약간 달랐어요. 어린아이 입장에서는 무엇이 특별한지 가늠하기가 어려웠다는 점에서 우리 어머니하고 우리 집은 상당히 특별했어요. 심지어 다른 유대인 아이들 가정이나 우리하고 교분이 있는 다른 아이들 집과 비교해 봐도 그랬어요.

가우스   당신 집안의 특별한 점에 대해 더 자세한 설명을 듣고 싶습니다. 길거리에서 반유대적인 발언을 접하기 전까지는 유대인이라는 연대감을 느끼도록 어머니가 당신에게 설명해줄 필요성을 전혀 느끼지 못했다고 당신은 말했습니다. 당신 어머니는 당신이 숄렘에게 보낸 편지에서 주장한 것처럼 자신이 유대인이라는 감각을 잃었던 건가요? 유대인이라는 사실이 당신 어머니에게 더는 아무런 역할도 수행하지 못했던 건가요? 당신 어머니는 독일 사회에 성공적으로 동화됐거나 또는 적어도 자신이 동화됐다고 믿었던 건가요?

아렌트   어머니는 이론을 꼬치꼬치 따지는 분이 아니었어요. 나는 어머니가 이 문제에 대해 특별한 관념을 갖고 있었다고는 생각하지 않아요. 어머니는 우리 아버지가 그랬던 것처럼 사회민주주의운동Social Democratic Movement의 영향을 많이 받았고,〈월간 사회주의Sozialistische Monatshefte〉〈월간 사회주의〉는 당시 독일에서 유명했던 저널이다─원주 동아리의 영향을 많이 받았어요. 그 문제는 어머니 입장에서는 아무 역할도 못했어요. 물론 어머니는 유대인이었죠. 어머니는 결코 내가 세례받게 내버려두지 않았을 거예요! 내가 유대인이라는 사실을 부인했다는 걸 알았다면 어머니는 내 따귀를 거세게 날린 다음 곧바로 그 자리를 떴을 거예요. 그럴 정도로, 그런 일은 생각도 할 수 없는 것이었어요. 논의해봐야 아무 소용도 없는 질문이죠! 그런데 내가 어렸던 1920년대에 그 질문은 어머니에게 그랬던 것보다 당연히 훨씬 더 중요했어요. 내가 철이 들었을 때는 어머니 입장에서도 당신의 앞선 시절보다 훨씬 더 중요했고요. 하지만 그건 순전히 외적인 상황 때문에 그런 거였어요.

내가 예를 들어─이런 구분을 해도 되는지 모르겠지만, 시민으로서가 아니라 독일 민족에 속한다는 의미에서─나 자신을 독일인으로 간주했었다고는 믿지 않아요. 1930년경에 야스퍼스Karl Jaspers, 1883~1969하고 이 문제를 논의했던 기억이 나요. 그는 "물론 자네는 독일인이야!" 하고 말했고, 나는 "나를 독일인으로 보지 않을 사람들도 있어요!" 하고 말했어요. 하지만 나는 그 문제 때문에 괴로워하지 않았어요. 내가 유대인이라는 사실을 뭔가 열등한 것으로 느끼지 않았어요. 그건 전혀 신경 쓸 문제가 아니었어요. 우리 집의 특별한 점에 관한 얘기로 다시 돌아갈게요. 유대인 아이들은 하나같이 반유대주의에 직면했어요. 그게 많은 아이들의 영혼에 악영향을 끼쳤죠. 우리 집의 다른 점은, 반유대주의가 우리를 괴롭히게끔 놔둬서는 안 된다는 점을 어머니가 늘 나한테 납득시켰다는 거예요. "너는 자신을 보호해야 한다!" 어머니는 우리 선생님이 반유대주의적 발언—대체로 나를 상대로 한 발언이 아니라 다른 유대인 여자애들, 특히 동부 출신 유대인 학생들에 대한 발언—을 하면 곧바로 자리를 박차고 일어나 집으로 돌아와서는 전모를 정확히 알려달라고 말했어요. 그래서 알려드리면 어머니는 기명으로 편지를 썼는데, 어머니는 그런 편지를 많이도 쓰셨죠. 그러면 내 입장에서 그 문제는 완전히 해결됐어요. 나는 그 덕에 학교를 하루 빼먹었는데 그게 너무도 기분이 좋았어요! 하지만 그런 발언을 한 사람이 아이들인 경우 내가 집에다 일러바치는 건 용납되지 않았죠. 그건 그리 대수롭지 않잖아요. 애들이 하는 발언에 맞서 나 자신을 보호하는 일이니까요. 그런 까닭에 그 문제들은 나한테 문젯거리가 아니었어요. 내가 품위를 유지하려고 준수했던 행동 강령이 있어요. 거기다 집에서는 철두철미하게 보호를 받았죠.

가우스 당신은 마르부르크와 하이델베르크, 프라이부르크에서 하이데거Martin Heidegger, 1889~1976 교수와 불트만Rudolf Karl Bultmann, 1884~1976 교수, 야스퍼스 교수 밑에서 공부했습니다. 철학이 전공이고 신학과 그리스어가 부전공이었죠. 이런 과목들은 어떻게 선택하게 되었나요?

아렌트 나도 어쩌다 그렇게 되었는지 종종 생각해보고는 해요. 내가 장차 철학을 공부할 거라는 사실을 늘 알고 있었다는 말밖에는 할 말이 없네요. 열네 살 때 이후로 쭉 그랬어요.

"나한테는 세상을
이해하고 싶은 욕구가 있었어요……"

가우스 왜죠?

아렌트 칸트를 읽었거든요. 왜 칸트를 읽었느냐고 물을지도 모르는데, 내 입장에서 그 질문에 대한 답은 왠지 이런 것 같아요. 내게 그건 철학을 공부하거나 물에 몸을 던지거나 하는 양자택일의 문제였다고요. 그렇다고 내가 목숨을 사랑하지 않았다는 말은 아니에요! 전혀 그렇지 않아요! 앞서 말했듯 나한테는 세상을 이해하고 싶은 욕구가 있었어요……. 그 욕구가 무척 어린 나이에도 있었어요. 우리 집 서재에는 온갖 책이다 있었죠. 읽고 싶은 책을 책장에서 꺼내기만 하면 됐어요.

가우스 칸트를 제외하고, 특별한 체험으로 남은 책들을 기억하나요?

아렌트 예. 우선, 내 기억에는 1920년에 출판된 야스퍼스의 『세계관의 심리학Psychologie der Weltanschauungen』이요. 야스퍼스의 『세계관의 심리학』은 1919년에 베를린에서 처음 출판됐다―원주. 열네 살 때였어요. 그러고는 키르케고르Søren Kierkegaard, 1813~1855를 읽었는데 그 책이 나하고 너무 잘 맞았어요.

가우스 신학이 등장한 지점이 거기인가요?

아렌트 맞아요. 그 책들은 그런 식으로 너무도 잘 맞아들었고, 그래서 내 입장에서 두 사람은 같은 세계에 속한 사람들이었어요. 나는 유대인인 사람은 신학과 관련된 문제를 어떻게 다루는지에 대해서만 몇 가지 의혹을 품고 있었어요……. 어떻게 논의를 진전시켜야 할지에 대해서요. 나는 아무 생각이 없었어요. 내가 가진 난해한 문제들은 이후에 스스로 해결됐어요. 그리스어는 사정이 달랐어요. 나는 그리스 시詩를 늘 사랑했어요. 시는 내 인생에서 커다란 역할을 수행해왔어요. 그래서 추가로 그리스어를 선택했죠. 그리스 문학을 읽었기 때문에 그건 대단히 쉬운 일이었어요!

가우스 정말로 인상적이군요!

아렌트   그렇지 않아요. 비행기 태우지 마세요.

가우스   미스 아렌트, 당신의 지적인 재능은 대단히 일찍 시험을 받았
습니다. 평범하고 일상적인 대인 관계에서 그런 재능이 여학
생인 당신과 젊은 철학도인 당신 사이를 때때로, 아마도 고통
스럽게, 갈라놓았나요?

아렌트   그런 문제가 있었다면 내가 그런 사실을 인식했을 경우에만
그랬겠지요. 그런데 나는 남들도 모두 나와 비슷할 거라고 생
각했어요.

가우스   당신이 틀렸다는 것을 깨달은 게 언제인가요?

아렌트   상당히 늦게요. 얼마나 늦었는지는 말하고 싶지 않아요. 창
피해요. 나는 형언할 수 없을 정도로 순진했어요. 부분적으
로는 가정교육 탓이었어요. 집에서 성적成績 문제가 논의된
적은 한 번도 없었어요. 그런 문제를 언급하는 건 열등한 일
로 간주됐어요. 야심을 품는 것도 하나같이 열등한 것으로
간주됐고요. 어쨌든 내 입장에서 상황은 그리 명확하지 않았
어요. 나는 때때로 사람들 사이에서 일종의 낯섦을 느끼고는
했어요.

가우스   그 느낌이 당신에게서 비롯한 거라고 믿었나요?

아렌트　맞아요. 순전히 나한테서 비롯했다고 믿었어요. 하지만 그건 재능하고는 아무 관련도 없었어요. 그걸 재능하고 관련지은 적은 한 번도 없어요.

가우스　그 결과 당신은 젊었을 때 때때로 남들을 무시했나요?

아렌트　그랬죠. 그런 일들이 생겼어요. 대단히 이른 나이에요. 사람들을 무시하는 그런 감정을 느꼈기 때문에 나는 자주 고통스러웠어요. 그래서는 못쓴다는 것을 알고, 그렇게 하면 안 된다는 것을 알았으니까요.

가우스　당신은 독일을 떠난 1933년에 파리로 가서는 팔레스타인에 사는 유대인 청소년들을 부양하려고 애쓰는 단체에서 일했습니다. 그에 관한 얘기를 해주시겠습니까?

아렌트　그 단체는 열세 살에서 열일곱 살 사이의 유대인 청소년들을 독일에서 팔레스타인으로 데려가 키부츠kibbutz. 이스라엘의 생활공동체에서 살게 했어요. 이런 이유로 나는 이런 정착지에 대해 무척 잘 알아요.

가우스　대단히 이른 시기부터 그랬죠.

아렌트　대단히 이른 시기 맞아요. 그 시절에 나는 그들을 무척 존경했어요. 아이들은 직업교육과 재교육을 받았어요. 때로는 폴란드 아이들을 밀입국시키기도 했어요. 그건 정규적인 사회 복지 업무이자 교육 업무였어요. 아이들이 팔레스타인 정착을 준비하는 지역에 거대한 캠프들이 있었어요. 아이들은 거기서 수업도 받고 농사도 배웠어요. 무엇보다도 아이들은 거기서 체중을 늘려야 했어요. 우린 아이들을 머리끝부터 발끝까지 입혀야 했어요. 아이들을 위해 음식을 조리해야 했고요. 특히 우리는 아이들을 위한 서류를 마련해야 했고, 부모들을 상대해야 했어요. 그리고 그런 일들을 처리하기에 앞서, 아이들을 위한 자금을 구해야 했어요. 그것도 대개는 내가 할 일이었어요. 나는 프랑스 여자들과 같이 일했어요. 우리가 한 일이 대략 그거예요. 내가 어쩌다 이 일을 맡기로 결심했는지 듣고 싶으세요?

"히틀러가 권좌에 앉은 것은
우리에게 충격을 주지도 못했고
우리를 경악시키지도 못했어요"

가우스   말씀 부탁드립니다.

아렌트   그러니까 내가 가진 배경이라고는 순전히 학문적인 것밖에 없었어요. 이런 점에서 1933년은 내 뇌리에 강한 인상을 무척 많이 남겼죠. 우선은 긍정적인 인상이고 그다음은 부정적인 인상을요. 부정적인 인상을 먼저 말한 다음에 긍정적인 것을 말하는 게 나을 것 같네요. 요즘 사람들은 독일의 유대인들이

1933년에 충격을 받았을 거라는 생각을 자주 하더군요. 그해에 히틀러가 권력을 거머쥐었으니까요. 그런데 나를 비롯한 우리 세대 사람들이 생각하는 한, 그건 특이한 오해라고 할 수 있어요. 당연한 말이지만 히틀러의 성공은 무척 나쁜 일이었어요. 하지만 그건 정치적인 사건이지 개인적인 사건은 아니었어요. 나치가 우리의 적이라는 것을 알게 된 건 히틀러의 정권 장악 때문이 아니에요! 정신이 모자란 사람들을 뺀 모든 사람에게, 나치가 우리의 적이라는 것은 적어도 4년 사이에 너무도 자명한 일이 돼 있었어요. 우리는 나치의 뒤를 받치는 독일인이 많다는 것도 알고 있었어요. 따라서 1933년에 히틀러가 권좌에 앉은 것은 우리에게 충격을 주지도 못했고 우리를 경악시키지도 못했어요.

가우스   당신 말은, 1933년의 충격은 대체로 정치적인 사건이던 것들이 개인적인 사건들로 옮겨 간 데서 비롯했다는 뜻인가요?

아렌트   전혀 그렇지 않아요. 아니, 그럴 수도 있겠죠. 우선, 어떤 사람이 다른 나라로 떠날 때 정치적인 사건은 개인적인 운명으로 변하는 게 보통이었어요. 둘째…… 친구들이 '전향coordinated' 하거나 노선을 바꿨어요. 문제는, 개인적인 문제는, 우리의 적들이 무슨 일을 했느냐가 아니라 우리 친구들이—어쨌든 아직은 테러의 압박이 가해지지 않은 상황에서—무슨 짓을 했느냐 하는 거였어요. 상대적으로 자발적이던 글라이히샬퉁Gleichschaltung. '정치적 획일화coordination'를 뜻하는 이 말은 나치 시대 초기에 자기 직위를 안전하게 지키거나 일자리를 얻으려고 변화한 정치 풍조에 투항한 광범위한 현상을 가리킨다. 더불어 이 용어는 전통적인 단체들—청년회와 온갖 종류의 클럽과 협회—을 나치의 고유 단체들로 전향시키는 나치의 정책을 가리키기도 한다—원주의 물결 속에, 유대인들 주위에는 진공상태가 형성되는 것만 같았어요. 나는 지적인 환경에서 살았지만 다른 사람들이 어떻게 사는지도 잘 알았어요. 게다가 글라이히샬퉁은 지식인들 사이에서 일종의 법규였어요. 하지만 다른 사람들 사이에서는 아니었죠. 나는 그 사실을 절대 잊지 않았어요. 나는—물론 약간 과장된—그런 생각에 지배당한 독일을 떠났어요. '절대 다시는 그러지 않겠다!'고 마음먹었어요. '어떤 종류가 됐건 지적인 활동에는 두 번 다시 관여하지 않으리라.' 그런 무리하고는 조금도 연을 맺고 싶지 않았어요. 유대인들과 독일의 유대계 지식인들의 상황이 달랐더라면 그들 행동이 달라졌을 거라고도 믿지 않았죠. 나는 그렇게 믿지 않았어요. 그러는 게 학자라는 내 직업과, 지식인이라는 존재가 되는 것과 관련된 일이라고 생각했어요. 나는 지금 과거 시제로 얘기하고 있어요. 오늘날 나는 그에 대해 아는 게 더 많아요……

가우스　　지금도 그렇게 믿고 있는지 여부를 물으려던 참입니다.

아렌트　　그때와 동일한 정도로는 이제 아니겠죠. 하지만 만사에 대한 신념을 날조하는 것이 지식인이라는 존재의 본질에 속한다고는 여전히 생각해요. 처자식을 돌봐야 하기 때문에 전향한 사

미국에서, 1944

람을 비난한 사람은 아무도 없었어요. 최악이라면 나치즘을 진정으로 신봉한 사람들이죠! 단기간에, 많은 이들이 대단히 짧은 사이에 그렇게 됐어요. 그 사람들은 히틀러에 대한 신념들을 날조해냈는데 그건 부분적으로는 굉장히 흥미로운 상황이에요! 정말로 환상적이고 흥미롭고 복잡한 현상이에요! 정상적인 수준을 훨씬 웃도는 상황이죠! 나는 그로테스크하다고 생각했어요. 오늘날 나는 그들이 자신들이 고안해낸 신념의 덫에 빠졌었다고 말하고는 해요. 당시 상황은 그랬어요. 하지만 당시에는 나도 상황을 그리 명확하게 보지 못했어요.

가우스　당신이 지식인 사회에서 벗어나 현실적인 연구를 시작하게 된 특히 중요한 이유가 그거였나요?

아렌트　맞아요. 긍정적인 측면은 다음과 같아요. 당시 나는 내가 되풀이해서 표현했던 이런 문장을 깨달았어요. "어떤 사람이 유대인이라서 공격을 받았다면 그 사람은 유대인으로서 자신을 옹호해야 한다. 독일인으로서가 아니라, 세계시민으로서가 아니라, 인권의 지지자로서가 아니라, 그 외의 그 무엇으로서가 아니라." 그런데 내가 유대인으로서 구체적으로 할 수 있는 일은 무엇일까요? 하나 더, 이제는 조직과 함께 일하겠다는 의향이 명확해졌어요. 난생처음으로요. 시오니스트들과 함께 일하겠다는 의향을 가진 거죠. 그들은 준비가 돼 있는 유일한 사람들이었어요. 나치에 동화한 사람들에게 합류하는 것은 무의미한 일이었어요. 게다가 나는 그들하고는 정말로 아무 관계도 없었어요. 심지어 나는 그 시점이 되기 직전까지도 유대인 문제를 얘기하기가 조심스러웠어요. 라헬 파른하겐Rahel Varnhagen, 1771~1833. 18세기 말과 19세기 초에 유명한 살롱을 주재했던 독일 여성 작가에 관한 책은 내가 독일을 떠날 때 완성된 상태였어요. 그러나 책 뒤쪽의 두 챕터는 1933년과 1936년 사이에 프랑스에서 집필됐다. 『라헬 파른하겐Rahel Varnhagen: The Life of a Jewish Woman』 개정판, 하코트 브레이스 조바노비치, 1974, xiii—원주. 그 책에서 유대인 문제는 나름의 역할을 수행해요. 나는 '이해하고 싶다'는 생각에서 그 책을 썼어요. 나는 유대인으로서 내 개인적인 문제들을 논하고 있었던 게 아니에요. 하지만 유대교에 속한 것은 내 나름의 문제였고, 내 자신의 문제는 정치적 문제였어요. 순수하게 정치적인 문제요! 현실적인 연구에, 전적으로 유대인과 관련된 연구에 종사하고 싶었어요. 이런 생각을 품은 채로 프랑스에서 일자리를 구하러 다녔어요.

가우스   1940년까지는요.

아렌트   맞아요.

가우스   그러다 제2차 세계대전이 벌어졌을 때 미국으로 갔습니다. 거기서 당신은 이제 철학 교수가 아니라 정치이론 교수죠.

아렌트   정확한 지적 감사해요.

가우스   시카고에서요. 당신은 지금 뉴욕에 삽니다. 1940년에 결혼한
        당신 남편독일 시인이자 철학자 하인리히 블뤼허(Heinrich Blücher, 1899~1970)
        를 가리킨다도 미국에서 철학을 가르치는 교수죠. 당신이—1933
        년에 환멸을 느낀 이후로—다시금 일원이 된 학계學界는 국제
        적인 세계입니다. 그런데 당신이 다시는 이 세상에 존재하지
        않을, 히틀러 이전의 유럽을 그리워하는지 여부를 물어야 할
        것 같습니다. 당신이 유럽에 돌아온 지금, 당신 뇌리에 남아
        있는 것은 무엇이고 돌이킬 수 없을 정도로 사라진 것은 무엇
        인가요?

아렌트   히틀러 이전의 유럽이요? 나는 그 시대가 그립지 않다고 단언
        할 수 있어요. 무엇이 남아 있느냐고요? 언어가 남아 있어요.

가우스   그게 당신에게 뜻하는 바가 대단히 큰가요?

아렌트   대단히 커요. 나는 내 모어母語를 잃는 것을 항상 의식적으로
        거부해왔어요. 당시 꽤나 잘 구사하던 프랑스어하고는 어느
        정도 거리를 늘 유지해왔죠. 요즘 쓰는 언어인 영어하고도 마
        찬가지고요.

"독일어는 나한테 남아 있는 본질적인 요소고,
내가 항상 의식적으로 지켜온 언어예요".

가우스   그에 대해 묻고 싶습니다. 요즘에 글을 영어로 쓰나요?

아렌트 영어로 썼어요. 그런데 영어에 대한 거리감이 결코 없어지지를 않네요. 모어와 다른 언어 사이에는 어마어마한 차이가 있어요. 그 문제를 정말로 간단하게 설명할 수 있어요. 독일어의 경우 나는 상당히 많은 독일 시를 암송할 수 있어요. 시들은 내 마음속 뒷자리에 늘 자리 잡고 있어요. 나는 그런 식의 암기를 다시는 할 수 없어요. 나는 영어로 하면 스스로 용납되지 않을 일들을 독일어로 해요. 다시 말해, 내가 대담해진 까닭에 때때로 영어로도 그런 일들을 하지만, 대체로 나는 영어하고는 어느 정도 거리를 유지해왔어요. 독일어는 나한테 남아 있는 본질적인 요소고, 내가 항상 의식적으로 지켜온 언어예요.

가우스 지독히 고생스럽던 시절에도 그랬나요?

아렌트 항상 그랬죠. 곰곰이 생각해봤어요. 내가 할 일이 뭘까? 미치광이가 돼버린 것은 독일이지 독일어가 아니었죠. 둘째, 모어를 대신할 언어는 없어요. 사람이 자신의 모어를 망각할 수는 있어요. 그건 사실이에요. 그러는 것을 내 눈으로 직접 봤어요. 새로 습득한 언어를 나보다 유창하게 구사하는 사람들이 있어요. 나는 여전히 독일어 억양이 심한 영어를 구사하고, 관용적인 어법에 어긋나는 말을 하는 경우도 잦은데요. 그런 사람들은 내 그른 점들을 모두 올바르게 해낼 수 있어요. 하지만 그들이 하는 말을 들어보면 클리셰라 할 표현들이 꼬리를 물고 등장해요. 모어를 망각하면 모어를 써서 달성하던 언어적 생산성을 더 이상은 달성하지 못하니까요.

가우스　모어를 망각한 사례들 말인데요, 당신은 이게 사람들이 자신의 감정을 억압한 결과라고 보나요?

아렌트　그래요. 그런 일이 대단히 자주 일어나요. 나는 사람들이 충격을 받아서 그렇게 된 사례들을 직접 봐왔어요. 그러니까 말인데, 1933년이라는 해는 결정적인 시기가 아니었어요. 적어도 나한테는 그랬어요. 결정적인 시기는 우리가 아우슈비츠에 관해 알게 된 날이었죠.

가우스　그게 언제였나요?

아렌트　1943년이었어요. 우리는 처음에 그 말을 믿지 않았어요. 남편이랑 나는 나치 일당은 무슨 일이건 저지를 자들이라고 늘 말해왔는데도 말이에요. 그런데도 우리는 그 얘기만큼은 믿지 않았어요. 군사적으로 볼 때 불필요한 데다 부적절한 일이었으니까요. 남편은 전직 군사史학자예요. 그래서 그런 문제에 대한 이해력이 좋아요. 남편은 그런 말에 넘어가지 말라고, 그런 이야기들을 액면 그대로 받아들이지 말라고 했어요. 그 인간들이 그 정도까지 막갈 수는 없다고요! 그러다 반년쯤 후에 우리는 결국 그 얘기를 믿게 됐어요. 증거가 있었으니까요. 충격이 정말로 컸어요. 우리는 그 사건 전에는 "그래, 사람에게는 누구나 적敵이 있게 마련이지"하고 말했어요. 그건 전적으로 자연스러운 일이에요. 사람이 적을 가져서는 안 되는 이유가 뭔가요? 그런데 이건 달랐어요. 정말이지 거대한 심연이 열린 것만 같았어요. 우리는 어느 시점이 되면 정치적으로 만사에 대한 보상책이 만들어지는 것처럼 다른 만사에 대한 보상책도 그럭저럭 만들 수 있을 거라는 생각을 갖고 있었으니까요. 그런데 이 사건의 경우는 아니었어요. **이건 절대로 일어나지 말았어야 할 일이에요.** 단순히 희생자의 규모 때문에 그러는 게 아니에요. 그런 짓을 자행한 방법, 시신 훼손 등 때문에 그러는 거예요. 그와 관련해서 자세히 언급할 필요는 없다고 봐요. 이건 일어나서는 안 될 일이에요. 거기서 우리가 용납할 수 없는 일들이 일어났어요. 우리 중 어느 누구도 그걸 용납할 수 없었어요. 당시 일어난 그 밖의 다른 모든 일에 대해서라면, 그 시절이 때때로 꽤나 힘들었다고 말해야겠네요. 우리는 대단히 가난했고, 추적의 대상이었고, 도망 다녀야 했고, 어떻게든 상황을 헤쳐 나가야 했어요. 그 시절은 그랬어요. 그래도 우리는 젊었어요. 심지어 나는 그런 상황에서 약간은 재미를 느끼기도 했어요—그 점을 부인하지는 못하겠네요. 하지만 이 사건은 달랐어요. 이 사건은 차원이 완전히 달랐어요. 개인적으로 나는 그것 말고 다른 것들은 모두 감내할 수 있었어요.

가우스 당신 얘기를 직접 듣고 싶습니다, 미스 아렌트. 당신이 자주 방문했고 당신의 주요 저작 대부분이 출판된, 1945년 이후 변화해온 전후戰後 독일에 대한 당신의 견해는 어떤가요?

아렌트   1949년에 처음으로 독일에 돌아왔어요. 유대 문화재의 복원을 위해 일하는 유대인 단체의 도움을 받아서요. 그 문화재의 대부분은 책이에요. 아무튼 나는 굉장히 우호적인 심정으로 독일에 왔어요. 1945년 이후에 대한 내 생각은 이래요. '1933년에 일어난 일들은, 무슨 일이건, 이후에 일어난 일들에 비하면 정말로 하찮은 일이다.' 친구들의 배신은 분명, 직설적으로 말하자면……

가우스   ……당신이 개인적으로 경험한 배신들이겠죠…….

아렌트   물론이죠. 그런데 누군가 진정한 나치로 변해 그에 관한 글을 썼을 때, 그 사람이 나한테 개인적으로 충실할 필요는 없었어요. 나는 어쨌건 그 사람과는 다시는 말을 섞지 않았어요. 그는 더 이상 나를 접촉해야 할 까닭이 없었고요. 내 생각에 그는 이미 존재하기를 멈춘 사람이었으니까요. 그건 상당히 명확한 일이었어요. 그렇다고 그들이 하나같이 살인자는 아니었어요. 내가 요즘 얘기하고는 하는 것처럼, 그들은 자기가 파놓은 함정에 빠진 사람들이었죠. 그들이 나중의 보상을 바랐던 것도 아니에요. 그렇기 때문에 나는 아우슈비츠라는 심연에 커뮤니케이션을 위한 기반이 마련돼야 마땅하다고 봐요. 그건 많은 개인적인 인간관계에도 마찬가지죠. 나는 사람들하고 논쟁을 벌였어요. 나는 딱히 기분 좋은 논쟁 상대도 아니고 무척 공손한 사람도 아니에요. 나는 생각하는 바를 그대로 말하는 편이에요. 어쨌건 내 말은 많은 사람들에게 다시 제대로 전달됐어요. 앞서 말했듯이 이 사람들 모두는 두어 달 동안, 심한 경우 2년 동안 나치즘에 헌신했던 사람들일 뿐이에요. 그들은 살인자도 아니고 밀고자도 아니었어요. 말했다시피 히틀러에 대한 신념을 '날조'했던 사람들이에요. 그런데 독일에 돌아오면 하는 가장 일반적이면서 강렬한 경험이—그리스비극에서 항상 행위의 가장 중요한 부분인 대중의 인정recognition을 받는 경험을 제외하면—감정을 격해지게 만들었어요. 길거리에서 독일어를 듣는 경험이 그랬죠. 내게 그건 뭐라 형언할 길 없는 기쁨이었어요.

가우스 그게 당신이 1949년 독일에 왔을 때 보인 반응이었나요?

아렌트 거의 그래요. 그리고 오늘날, 상황이 다시 정상 궤도에 돌아온 지금 내가 느끼는 거리감은 내가 극도로 감정적인 상태에서 세상을 체험했던 예전보다 훨씬 커졌어요.

"나는 이제 바깥에서 상황을 봐요.
내가 그 시절의 나보다 상황에
훨씬 덜 관여하고 있다는 뜻이에요"

가우스 당신이 생각하기에 상황이 지나치게 빨리 정상 궤도로 복귀했기 때문인가요?

아렌트 그래요. 게다가 내가 찬성하지 않는 궤도에 오르는 경우도 빈번해요. 하지만 내가 그 책임감을 느끼지는 않아요. 나는 이제 바깥에서 상황을 봐요. 내가 그 시절의 나보다 상황에 훨씬 덜 관여하고 있다는 뜻이에요. 시간이 흘렀기 때문일 수도 있어요. 15년이 아무 가치도 없는 세월은 아니잖아요?

가우스   당신이 훨씬 더 무관심해졌다는 건가요?

아렌트   거리를 두는 거죠……. '무관심'은 지나치게 강한 표현이에요. 하지만 거리감은 항상 느껴요.

가우스   미스 아렌트, 예루살렘에서 열린 아이히만 재판을 다룬 당신의 책이 올가을 독일연방공화국Federal Republic of Germany. 독일의 공식 국호에서 출판됐습니다. 당신 책은 미국에서 출판된 이후로 굉장히 열띤 논의의 대상이었습니다. 특히 유대인들 측에서는 당신이 말한 바가 부분적으로는 오해에 기반을 뒀고 부분적으로는 의도적인 정치적 캠페인에 기반을 뒀다는 반론이 제기됐습니다. 사람들은 특히 독일의 대량 학살을 수동적으로 수용했다는 이유로 유대인들이 얼마나 비난을 받아야 하는지에 대해, 또는 그런 행각에 나름의 책임이 있다고 여겨지는 특정 유대인평의회Jewish council들이 나치에 부역한 정도에 대해 당신이 제기한 의문을 불쾌해했습니다. 어쨌든 한나 아렌트라는 인물을 묘사하는 데 적합한 많은 의문이 이 책에서 제기됐죠. 그런 반론들로 얘기를 시작할까 합니다. 당신은 당신 책이 유대인에 대한 애정을 결여했다는 비판에 마음이 아픈가요?

아렌트 무엇보다도 먼저, 당신 기분을 상하게 만들 생각은 추호도 없지만, 당신 자신이 이 캠페인의 희생자가 돼버렸다는 말을 해야겠네요. 나는 내 책 어느 곳에서도 유대인들이 조금도 저항하지 않았다고 책망하지 않았어요. 아이히만 재판 때 다른 사람이 그런 말을 하기는 했죠. 이스라엘 검찰청의 미스터 하우스너Gideon Hausner, 1915~1990가요. 나는 예루살렘의 증인들을 겨냥한 그런 질문들은 어리석은 데다 잔인한 언사라고 했어요.

가우스 책을 읽었기 때문에 나도 그걸 잘 압니다. 그런데 당신에게 제기된 일부 비판은 책의 많은 페이지에 걸친 어조를 바탕으로 하고 있습니다.

아렌트 글쎄요, 그건 문제가 달라요. 내가 무슨 말을 할 수 있을까요? 나는 아무 대꾸도 하고 싶지 않아요. 사람들이 이 일들에 대해 엄숙한 어조로만 글을 쓸 수 있다고 생각한다면……. 봐요, 이걸 불쾌하게 받아들이는 사람들이 있어요. 나도 그들을 어느 정도는 이해할 수 있어요. 하지만 나는 여전히 그런 사람들을 비웃을 수도 있어요. 나는 정말로 아이히만이 어릿광대였다고 생각해요. 얘기 하나 할게요. 그의 경찰 조서를 읽어봤어요. 360페이지나 되는 조서를 읽고는 다시 한 번 매우 꼼꼼히 읽어봤어요. 그러면서 얼마나 낄낄거렸는지 몰라요.

나는 큰 소리로 폭소를 터뜨렸어요! 사람들은 이런 반응을 기분 나쁘게 받아들였어요. 나는 그에 대해서는 도무지 어쩔 도리가 없어요. 하지만 한 가지는 알아요. 나는 숨이 끊어지기 3분 전에도 여전히 낄낄거릴 거예요. 그런데 사람들은 내 어조가 그런 식이라고 말해요. 그 어조가 대부분 비아냥거리는 투라는 건 전적으로 맞는 말이에요. 하지만 이때 내 어조는 정말로 개인적인 특징이에요. 유대인을 비난했다면서 사람들이 나를 책망한다면 그건 악의에 찬 거짓말이자 프로파간다지 다른 게 아니에요. 아무래도 어조에 대한 비난은 나를 사적으로 반대하는 거예요. 나는 거기에 대해서는 아무 일도 할 수가 없어요.

가우스   그런 비난을 감당할 마음의 준비는 돼 있나요?

아렌트   그럼요. 기꺼이 받아들일 거예요. 내가 무슨 일을 할 수 있겠어요? 사람들한테 "당신들이 나를 오해하고 있다, 사실 나도 마음속으로는 이런저런 생각이 오가고 있다" 하고 말할 수는 없어요. 그건 말도 안 되죠.

가우스   이와 관련해서 당신이 개인적으로 한 발언으로 돌아갈까 합니다. 당신은 이런 발언을 한 적이 있어요. "나는 평생 그 어떤 사람들이나 집단을 '사랑'한 적이 없습니다. 독일인이건 프랑스인이건 미국인이건 아니면 노동계급이나 그와 비슷한 어떤 것도 말입니다. 나는 내 친구들만 사랑했고, 내가 잘 알

아이히만 재판 중 대중의 주목을 촉구하는 이스라엘 측 검사 기드온 하우스너(1961)

고 또 믿는 유일한 종류의 사랑은 개인을 향한 사랑입니다. 게다가 이 '유대인들의 사랑'은, 나 자신이 유대인이기에, 나한테는 상당히 의심쩍은 것으로 보이고는 합니다."아렌트가 숄렘에게 보낸 1963년 7월 24일 자 편지—원주. 뭘 좀 물어도 될까요? 정치적으로 행위하는 존재로서 인간은 어떤 집단에 헌신할 필요가, 애정이라 불릴 수준까지 확장될 수도 있는 헌신을 할 필요가 있지 않을까요? 당신은 당신 태도가 정치적으로 무익할 수도 있다는 게 두렵지 않나요?

아렌트 두렵지 않아요. 나는 정치적으로 무익한 것은 그런 태도가 아니라 다른 태도라고 말할 거예요. 우선, 사람이 어떤 집단에 속하는 것은 자연스러운 상황이에요. 우리는 태어나는 순간 여러 종류의 집단에 속하게 돼요. 늘 그렇죠. 그런데 당신이 말한 방식으로 집단에 속하는 것은, 내가 말한 소속하고는 다른 방식으로 조직된 집단에 가입하거나 그런 집단을 결성하는 것은 완전히 다른 일이에요. 이런 종류의 조직은 세계와 관계를 맺게 돼 있어요. 조직화된 사람들은 대개가 이해관계라고 부르는 것을 공통으로 가져요. 사랑이라고 부를 만한 직접적이고 개인적인 인간관계는 물론 최우선으로는 진짜 사랑에 존재하고, 어떤 의미의 우정에도 존재해요. 그런 관계에서 사람은 그가 세계와 맺고 있는 관계하고는 무관하게 직접적으로 호명돼요. 따라서 매우 다양한 개인으로 구성된 조직에 개인들이 속하면 여전히 개인적으로 친구가 될 수 있어요. 그런데 당신이 이를 혼동한다면, 협상 테이블에 사랑을 가져온

다면, 직설적으로 말해 나는 그런 행동은 치명적인 짓이라고 생각해요.

가우스   그걸 비정치적apolitical인 짓이라고 생각하나요?

아렌트   비정치적인 짓이라고 생각해요. 무세계적worldless이라고 생각하고요. 그리고 그건 정말로 엄청난 재앙이 될 거라고 생각해요. 유대 민족은 수천 년 내리 자신들을 무세계적인 사람들로 유지해온 전형적인 사례라는 걸 인정해야겠네요…….

가우스   당신은 '세계world'라는 단어를 정치를 위한 공간이라는 의미로 사용합니다.

아렌트   맞아요. 세계는 정치를 위한 공간이에요.

가우스   그래서 유대 민족은 비정치적인 민족이었나요?

아렌트   정확하게 그런 식으로 얘기해서는 안 돼요. 공동체는 당연히 어느 정도는 정치적이니까요. 유대교는 민족종교national religion예요. 그런데 정치적이라는 개념은 상당히 많은 유보 조건을 붙일 때에만 타당해요. 유대인들이 세계 곳곳으로 흩어져 고통을 받았던 이 무세계성worldlessness은, 그리고—사회에서 버림받은 모든 이들과 함께—집단에 소속된 이들 사이에서 특별한 온기를 창출해낸 이 무세계성은 이스라엘state of Israel이건국됐을 때 바뀌었어요.

가우스   그러면서 무언가 상실된 건가요? 당신이 안타깝다고 생각하는 상실된 그것이 무엇인가요?

아렌트   맞아요. 사람은 자유에 대한 대가를 비싸게 치러요. 그들 고유의 무세계성에 의해 드러난 유대인의 인간성은 대단히 아름다웠어요. 당신은 너무 젊어서 그걸 경험하지 못했겠지만요. 그건 대단히 아름다웠어요. 내가 완벽하게 열린 마음과 편견 없는 태도로 맞았고 특히 모든 유대인 공동체에서 벗어나 자유를 행사하던 어머니와 함께 누렸던, 사회적인 모든 관계의 외부에 서 있던 경험은 말이에요. 물론 그 모든 일이 지나가면서 많은 것이 상실됐어요. 사람은 해방에 대한 대가를 치러요. 나는 언젠가 레싱상Lessing Prize 수상 연설에서 이런 말을 했어요…….

가우스   1959년에 함부르크에서죠……. 함부르크 자유도시가 수여하는 레싱상을 수상하면서 아렌트가 한 연설은 『어두운 시대의 사람들Men in Dark Times』(하코트 브레이스 앤 월드, 1968)에 「어두운 시대의 인간성: 레싱에 대한 생각들On Humanity in Dark Times: Thoughts about Lessing」로 실렸다—원주.

아렌트   맞아요. 거기서 나는 "이 인간성은…… 해방의 시간을, 자유의 시간을 결코 단 1분도 살아남지 못했습니다" 하고 말했어요. 당신도 보듯, 그런 일은 우리에게도 일어났어요.

"사람은 자유에 대한 대가를
치러야만 한다는 걸 알지만 내가 그 대가를
지불하고 싶다고는 말하지 못하겠네요"

가우스   그걸 원상태로 돌려놓고 싶지는 않나요?

아렌트   아뇨. 사람은 자유에 대한 대가를 치러야만 한다는 걸 알지만
내가 그 대가를 지불하고 싶다고는 말하지 못하겠네요.

가우스   미스 아렌트, 당신은 정치·철학적 사유나 사회학적 분석을
통해 터득한 것을 출판하는 것이야말로 당신의 의무라고 느
끼나요? 아니면 당신이 아는 무엇인가에 대해 침묵하는 이유
가 있나요?

아렌트   그건 굉장히 어려운 문제예요. 그 밑바탕에는 아이히만 책을
둘러싼 전체 논란에서 내 흥미를 끌었던 한 가지 의문이 있
어요. 이 의문은 내가 거론하지 않았다면 절대 제기되지 않
았을 의문이에요. 그것이야말로 유일하게 진지한 의문이고,
그 밖의 모든 건 순전히 프로파간다에서 제기된 거예요. 무엇
인가 하면 fiat veritas, et pereat mundus(세계가 멸망한다 해도
진리가 말해지도록 하라)예요.아렌트는 오래된 라틴어 격언 Fiat iustitia, et
pereat mundus(세계가 멸망한다 해도 정의가 시행되도록 하라)로 말장난을 하고 있
다.『과거와 미래 사이Between Past and Future』(바이킹 프레스, 1968) 228쪽을 참조하
라—원주. 그런데 아이히만 책은 사실상 그런 문제들을 다루지

못했어요. 그 책은 사람들이 생각하는 것처럼 사람들의 정당한legitimate 이해관계를 위태롭게 만들지 않아요. 사람들이 그렇다고 생각할 뿐이죠.

가우스　당신은 '무엇이 정당한가?'라는 의문을 논의의 대상으로 남겼습니다.

아렌트　맞는 말이에요. 당신이 옳아요. 무엇이 정당한가 하는 의문은 여전히 논의의 대상으로 열려 있어요. 내가 '정당함'이라는 말로 뜻하려던 바는 유대인 단체들이 뜻하는 바하고는 다른 것 같아요. 하지만 실제의 이해관계가, 내가 인정하는 이해관계가 위태로웠다고 가정해봐요.

가우스　그럴 경우 우리는 진실에 대해 침묵해도 되지 않나요?

아렌트　내가 침묵해도 되었을 거라고요? 맞아요! 하지만 분명 나는 그에 대한 글을 써도 됐을 거예요……. 그런데요, 누군가 나한테 이런저런 일을 예상했더라면 아이히만 책을 다르게 쓰지 않았겠느냐고 묻더군요. 나는 대답했어요. "아뇨." 내가 직면한 대안은 이런 거였어요. 글을 쓰거나 쓰지 않거나. 우리는 어떤 문제에 대해 잠자코 있을 수도 있으니까요.

가우스　그렇죠.

아렌트 우리가 항상 떠벌려대야 하는 건 아니에요. 그런데 이제 우리는 18세기에 '사실적 진리truths of fact'라고 불렸던 문제에 당도했어요. 이건 진정으로 사실적 진리의 문제예요. 견해의 문제가 아니에요. 대학에 존재하는 역사과학은 사실적 진리의 수호자들이에요.

가우스 역사과학이 항상 최고의 수호자였던 건 아니죠.

아렌트 맞아요. 역사과학은 실패했어요. 국가에 의해 통제되고 있죠. 어떤 사학자가 제1차 세계대전의 기원을 다룬 책에 관해 한 논평을 들은 적이 있어요. "나는 이 책이 그토록 희망 넘쳤던 시대에 관한 기억을 훼손하게끔 놔두지 않겠다." 그는 자신이 어떤 존재인지 모르는 사람이에요. 하지만 그건 흥미롭지 않아요. 사실상 그는 역사적 진리의, 사실적 진리의 수호자예요. 그리고 우리는, 예를 들어 역사책이 5년에 한 번씩 다시 집필되고 예컨대 트로츠키는 존재했었는가와 관련된 사실들이 미지의 상태로 남아 있는 볼셰비키의 역사책을 통해 이런 수호자들이 얼마나 중요한지를 알아요. 바로 이게 우리가 원하는 걸까요? 바로 그게 정부들이 관심을 갖는 걸까요?

가우스 정부들은 그런 관심을 가질지도 모르죠. 그런데 정부들이 관심을 가질 권리가 있나요?

아렌트 정부들이 그럴 권리가 있느냐고요? 정부들은 그걸 진짜로 믿는 것처럼 보이지 않아요. 그렇지 않다면 그들은 대학들을 절대로 용인하지 못할 거예요. 따라서 심지어 국가도 진실에 관심을 가져요. 군사기밀을 말하는 게 아니에요. 그건 이것과는 종류가 다르죠. 하지만 이런 사건들은 대략 20년 전으로 거슬러 올라가요. 우리가 진실을 말하면 안 되는 이유가 뭔가요?

가우스   20년은 여전히 지나치게 짧은 기간이기 때문이 아닐까요?

아렌트   많은 사람이 그렇게 말해요. 한편으로는 20년이 지나면 아무도 진실을 가늠할 수 없을 거라고 말하는 사람들도 있고요. 어쨌든 세상에는 불쾌한 사실을 은폐하려는 책동에 대한 관심이 존재해요. 하지만 그건 정당한 관심은 아니에요.

가우스   의심이 생길 경우 당신은 진실을 선호하겠군요.

아렌트   나는 호메로스에 의해 세상에 등장한 공명정대함에 관해 말할 거예요…….

"공명정대함을 실행에 옮길 수 없다면,
그렇다면 세상에는 실행될 수 있는 일이
하나도 없을 거예요"

가우스   정복당한 이들을 위해…….

아렌트   맞아요!

> Wenn des Liedes Stimmen schweigen
>
> Von dem überwundnen Mann,
>
> So will ich für Hectorn zeugen…

> 참패한 이를 위한
>
> 노랫소리가 침묵이라면,
>
> 나는 헥토르에게 유리한 증언을 하리니……. 프리드리히 폰 실러의
> 〈승전 축하Das Siegesfest〉에서—원주.

그게 옳지 않나요? 그게 호메르스가 했던 일이에요. 그러고 는 헤로도토스가 등장해서 "그리스인들과 야만인들의 위업" 에 관해 얘기했어요. 모든 과학은 이런 취지에서 비롯했어요. 현대 과학조차, 그리고 역사를 다루는 과학도요. 누군가 자기 민족을 무척이나 사랑하는 척하며 민족에게 경의를 표하는 양 알랑방귀를 줄곧 뀌어대는 바람에 이런 공명정대함을 실 행에 옮길 수 없다면, 그렇다면 세상에는 실행될 수 있는 일 이 하나도 없을 거예요. 나는 그런 사람들이 애국자라고는 믿 지 않아요.

가우스   당신의 중요한 저작에 속하는 『인간의 조건』에서요, 미스 아 렌트, 당신은 모든 이에게 영향을 주는 감각을, 즉 정치적인 것the political이 매우 중요하다는 감각을 현대現代가 축출해서

폐기했다는 결론에 도달합니다. 당신은 현대사회의 특유한 현상으로 대중의 뿌리 상실uprooting과 고독, 그리고 단순노동과 소비의 과정에서 만족감을 찾아내는 인간 유형의 승리를 지적합니다. 이에 대해 질문이 두 개 있습니다. 우선 이런 종류의 철학적 지식은 사유 과정을 추동하는 개인적 경험에 어느 정도나 의존하나요?

아렌트 개인적 경험 없이 가능한 사유 과정이 존재한다고는 믿지 않아요. 모든 사유는 뒤늦은 사유afterthought예요. 즉, 어떤 문제나 사건을 사후에 숙고하는 거예요. 그렇지 않나요? 나는 현대 세계에 살고, 내 경험은 분명히 현대 세계 내부에서 현대 세계를 겪어서 얻은 거예요. 결국 이 문제는 논란의 여지가 없어요. 그리고 단순노동과 소비의 문제는 정말로 중요해요. 그 영역에서도 일종의 무세계성이 스스로를 규정한다는 이유에서요. 더 이상은 어느 누구도 세계가 어떻게 생겼는지에 관심을 갖지 않아요.

"인간은 노동하고 소비하는 동안에는
전적으로 자기 자신에게만 의지해요"

가우스 '세계'는 항상 정치가 비롯할 수 있는 공간으로 이해됩니다.

아렌트 나는 지금은 세계를 훨씬 더 포괄적인 의미로 이해해요. 모든 게 공적public 사건이 되는 공간으로, 사람이 살아가는 공간이자 남들에게 받아들여질 만한 모양새를 갖춰야 하는 공간으로요. 당연한 말이지만 그 세계에는 예술이 등장해요. 온갖 종류의 것들이 모습을 드러내요. 케네디가 시인들 그리고 아무 짝에도 쓸모없는 사람들을 백악관으로 초대하면서 공공 영역public space을 꽤나 과감하게 확장하려고 애썼다는 걸 명심하세요. 따라서 그 모든 게 이 공간에 속할 수 있어요. 하지만 인간은 노동하고 소비하는 동안에는 전적으로 자기 자신에게만 의지해요.

가우스　　　생물학적으로 의지하게 되죠.

아렌트　　　생물학적으로 의지하고, 자기 자신에게 의지하죠. 그리고 그 영역에서 우리는 고독과 관련을 맺게 돼요. 노동하는 과정 중에 독특한 고독이 생겨나요. 지금 당장은 그에 관해 상세히 설명하지 못하겠네요. 그러다가는 논의가 지나치게 멀리 나가게 될 테니까요. 아무튼 이 고독의 특징은 자기 자신에게 의지하는 상태가 된다는 거예요. 말하자면 진정으로 상호 관련된 여러 활동을 소비 행위가 대신하는 그런 상황이죠.

가우스　　　그런 맥락에서 두 번째 질문을 하겠습니다. 당신은 『인간의 조건』에서 "진정으로 세계 지향적인 경험들truly world-oriented experiences"—당신이 뜻하는 바는 가장 드높은 정치적 의의에 대한 통찰과 경험이죠—은 "평균적인 인간 삶이라는 경험의 지평에서 더욱더 뒤쪽으로 침잠한다"라는 결론에 도달합니다. 당신은 오늘날 "행위하는 능력은 소수의 사람들에게만 국한돼 있다"라고 말합니다. 현실정치의 관점에서 이 말이 뜻하는 바는 무언가요, 미스 아렌트? 모든 시민의 협조적 책임에 기반을 둔 정부 형태는 이런 상황에서, 최소한 이론적으로, 어느 정도나 허구가 되는 건가요?

아렌트 그에 대해 약간 단서를 달고 싶어요. 자, 현실적인 목표를 지향하지 못하는 이 무능력은 대중뿐 아니라 다른 모든 사회계층에 적용돼요. 정치인조차도 그렇다고 말할 수 있어요. 정치인은 전문가 집단에 포위돼 있어요. 따라서 이제 행위와 관련한 문제는 정치인과 전문가 사이에 놓여 있어요. 정치인은 최종 결정을 내려야 해요. 정치인 혼자서 세상만사를 알 수는 없는 노릇이니 그런 결정을 현실적으로 내리기가 쉽지 않아요. 그래서 전문가들의 조언을 들어야만 하죠. 원칙적으로 보면 항상 서로 의견이 모순되게 마련인 전문가들의 조언을요. 그렇지 않나요? 합리적으로 판단하는 정치인이라면 전문가들을 소집하는데, 그 전문가들의 관점은 서로서로 대립해요. 문제를 모든 측면에서 봐야만 하니까요. 그렇잖아요, 그렇죠? 정치인은 전문가들의 견해 사이에서 판단을 해야만 해요. 그런데 이 판단은 대단히 불가사의한 과정이에요—그 과정에서 상식이 명확하게 모습을 드러내죠. 아렌트가 '상식(common sense, Gemeinsinn)'이라는 말로 뜻하는 것은 사리를 분별할 줄 아는 성인들이 반복해 보여주는 무의식적인 신중함(gesunder Menschenverstand)이 아니라, 칸트가 말했듯 "모든 이가 공통으로 가진 감각…… 심사숙고를 통해 모든 타인의 표현 양식을 고려하는 판단 능력"이다. R. 베이너(R. Beiner)가 엮은 아렌트의 『칸트 정치철학 강의 Lectures on Kant's Political Philosophy』(시카고대학교 출판부, 1982) 70~72쪽에 인용된 이마누엘 칸트의 『판단력비판』 §40—원주. 대중과 관련해서는 이런 말을 하고 싶어요. "사람들이 한데 모이는 곳이면 어느 곳이나 규모에 상관없이 공공의 이익이 작동하기 시작한다."

가우스　　항상 그렇죠.

아렌트　　그러면서 공공 영역public realm이 형성돼요. 자발적으로 생겨났다 해산하는 결사체들—토크빌이 이미 묘사한 부류의 결사체들—이 여전히 존재하는 미국에서는 이런 모습을 대단히 명확하게 볼 수 있어요. 일부 공적 관심사는 특정 집단의 사람들하고만, 한 지역이나 딱 한 집 또는 한 도시나 다른 어떤 종류의 집단에 속한 사람들하고만 관련이 있어요. 그러면 그들은 회합을 가질 것이고 그 뒤에는—문제의 개요를 잘 파악했기 때문에—이런 문제들에 대해 공적으로 활동하는 능력을 대단히 잘 갖게 될 거예요. 당신이 던진 질문이 겨냥하던 바는 최상급 수준의 대단히 중요한 의사 결정들에만 적용돼요. 정치인과 거리를 지나는 행인의 차이는 원칙적으로 그리 크지 않아요. 정말로요.

가우스　　미스 아렌트, 당신은 스승 카를 야스퍼스와 계속 얘기를 주고받으며 긴밀하게 지냈습니다. 야스퍼스 교수가 당신에게 끼친 가장 큰 영향은 무엇이라고 생각하나요?

아렌트   으음, 야스퍼스가 나서서 의견을 내놓으면 그 주제와 관련한 분야 전체가 너무도 환하게 밝아져요. 그는 믿음직스럽고 이런저런 토가 달리지 않는 의견을 주저 없이 개진하는데, 내가 아는 사람 중에 그런 사람은 아무도 없어요. 내가 무척 어렸을 때도 그 점이 인상적이었어요. 게다가 그는 내가 하이델베르크에 왔을 때는 전혀 몰랐던, 이성理性에 관한 자유의 개념을 갖고 있어요. 나는 칸트를 읽었으면서도 이성에 대해서는 아는 게 하나도 없었어요. 말하자면 나는 작동하는 이성을 본 거예요. 이렇게 말해도 좋을지 모르겠는데, 바로 그 이성이 아버지 없이 자란 나를 교육했어요. 내가 이렇게 된 것을 그의 책임으로 돌리고 싶은 생각은 정말로 없지만, 나한테 어떤 감각을 주입하는 데 성공한 사람이 있다면 바로 그예요. 그리고 이 대화는, 당연한 말이지만, 오늘날에는 의미가 사뭇 달라요. 그게 정말로 내가 전후에 한 가장 강렬한 체험이었어요. 그런 대화들이 존재할 수 있고, 누군가 그런 식으로 말할 수 있다니 말이죠!

가우스   마지막 질문을 허락해주십시오. 당신은 야스퍼스에게 바치는 헌사에서 이렇게 말했습니다. "인간성은 혼자 힘으로는 절대 획득되지 않으며, 누군가 자신의 작업을 대중에게 바친다고 해도 마찬가지다. 인간성은 자신의 삶과 존재 자체를 '공공 영역'으로 향하는 모험venture into the public realm'에 바친 사람에 의해서만 달성될 수 있다."『어두운 시대의 사람들』에 실린 「카를 야스퍼스 찬사Karl Jaspers: A Laudatio」—원주. 야스퍼스를 인용한 이 "공공 영역으로 향하는 모험"이 한나 아렌트에게는 무슨 의미인가요?

아렌트   내게 공공 영역으로 향하는 모험은 명확한 것 같아요. 한 사람이 일개인으로서 대중 앞에 자신을 드러내는 거죠. 사람이 자의식에 사로잡혀 공적인 자리에 모습을 드러내고 행위해서는 안 된다고 생각하지만, 그럼에도 나는 사람은 그가 보여주는 모든 행위를 통해 자신을 드러낸다는 것을 알아요. 말하기도 행위의 한 형태예요. 그게 하나의 모험이죠. 다른 모험으로는, 우리가 무슨 일인가를 시작하는 게 있어요. 우리는 인간관계의 네트워크에 우리 자신이라는 가닥을 엮어 넣어요. 어떤 결과가 나올지 우린 결코 몰라요. 우리 모두는 이런 말을 하라고 배웠어요. "주여, 저들을 용서하소서, 저들은 스스로 무슨 일을 하는지 알지 못하나이다." 이건 인간이 하는 모든 행위에 들어맞는 말이에요. 무척이나 간단하고 명확한 말이죠. 사람은 자신이 하는 일이 무엇인지 알지 못해요. 모험이 뜻하는 바가 그거예요. 요즘에 나는 이 모험은 사람들 사이에 신뢰가 있을 때에만 가능하다고 말하곤 해요. 모든 사람이 가진 인간적인 것에 대한 신뢰—만들어내기는 힘들지만 꼭 필요한 신뢰—말이에요. 그게 없다면 그런 모험은 행해질 수 없을 거예요.

파리로 망명하던 해의 한나 아렌트, 1933

아이히만은 터무니없이 멍청했어요

페스트   프라우Frau 아렌트, 당신은 아이히만 재판과 독일에서 열린 이른바 강제수용소 재판페스트가 여기서 언급하는 것은 1963년 12월 20일부터 1965년 8월 19일까지 진행된 일련의 재판으로, 아우슈비츠 비르케나우 수용소에서 일한 중하급 관리 다수가 그들이 자행한 범죄 때문에 재판을 받았다. 이 재판들은 재판 과정이 대중에게 널리 공개된 것으로 유명했고, 그 덕에 많은 독일 시민이 홀로코스트의 세부 사항과 메커니즘을 처음으로 알게 됐다─원주 사이에 연관이 있다고 생각하나요? 그리고 특히, 독일의 반응과 이스라엘의 반응은 어떤 식으로건 비교할 만한가요? 사람들은 이따금씩 독일인과 유대인이─약간 부적당한 표현이지만─'정복되지 않은 과거unmastered past'라고 불리는 것을 공통으로 갖고 있다는 말을 합니다.

이 인터뷰는 1964년 11월 9일 독일 SWR 텔레비전의 프로그램 〈다스 테마DAS THEMA〉에서 나눈 대화다. 인터뷰어 요아힘 페스트(Joachim Fest, 1926~2006)는 독일 사학자 · 저널리스트 · 평론가로, 그의 부모는 자식을 히틀러유겐트에 가입시키길 거부한 강성 반反나치주의자였다. 요아힘 페스트는 1973년부터 1993년까지 유력 일간지 〈프랑크푸르터 알게마이네 차이퉁〉 문화면을 편집했고, 히틀러의 주요 전기와 제3제국을 다룬 책을 다수 남겼다.

아렌트   그 질문은 사실은 두 가지 질문이군요. 첫 질문에 대한 대답을 먼저 해야겠네요. 내가 보기에 아이히만 재판은 실제로 독일에서 열린 재판들의 촉매 역할을 했어요. 이 재판들 중 일부는 그보다 먼저 열렸고 일부 체포도 그보다 일찍 이뤄졌지만요. 하지만 통계적 관점에서 이 상황을 보고 아이히만 재판이 열린 날짜가 아니라 아이히만을 납치한 날짜를 명심하면, 당연한 말이지만 상황은 당신을 압도할 거예요. 순전히 통계적 관점에서요. 왜 이렇게 생각하는지는 이 자리에서 말하고 싶지 않아요. 그건 명백한 팩트니까요.

지금 당신이 한 말은, 그러니까 유대인과 독일인이 정복되지 않은 과거에 관한 문제를 공통으로 갖고 있다고 한 말은 맞는 말이에요. 거기에 약간의 단서를 달고 싶어요. 당연한 얘기지만 그들이 공통으로 보유한, 실제로 존재하는 정복되지 않은 과거에 대한 얘기로 논의를 시작하는 것은, 피해자의 사례와 가해자의 사례에서 대단히 달라요. 심지어 유덴라트Judenräte. 나치가 점령지의 대규모 유대인 공동체를 통제하려고 유대인들에게 결성하라고 강요한 단체들도, 당연한 말이지만 피해자예요. 그들이 100퍼센트 무죄라는 뜻은 아니에요. 하지만 그들은 가해자의 반대편에서 있었던 게 분명해요. 그건 대단히 명백해요.

이제 정복되지 않은 과거는, 적어도 유럽과 미국에서 보기에, 유대인과 독일인이 지구 상의 거의 모든 나라나 민족과 공유하는 것이기도 해요. 나는 미국의 사례를 통해 이걸 알게 됐어요. 나치의 행각이 유발한 바로 그 공포는 유대인과 독일인에 그치지 않고 모든 인류에 영향을 끼치고 있어요. 유대인과 독일인의 공통점은 그 사건에 직접 연루된 사람들이라는 사실이에요.

그리고 당신은 "이 반응은 독일과 이스라엘에서 동일한가요?" 하고 물었죠? 자, 이스라엘 인구의 4분의 1이, 즉 25퍼센트가 그 사건에 직접 관련된 사람들이에요. 전체 인구에서 엄청난 비율을 차지하죠. 피해자인 그들이, 그 사건에 관해서 그저 아무것도 듣지 않았으면 좋겠다고 소망하는, 세대를 불문한 평균적인 독일인들과 다르게 반응한다는 것은 명백해요. 그런데 **피해자들** 역시도 그 사건에 관해 듣는 것을 원치 않아요. 이유는 완전히 딴판이지만요.

요즘 내가 알게 된 게 하나 있는데, 바로 이스라엘 젊은 세대의 태도 그리고 그 나라에서 태어난 세대의 태도예요. 이스라엘에서도 그 사건에 관심이 없는데, 이런 현상은 독일에서 관심이 없어진 것과 몇 가지 점에서 비슷해요. 이스라엘의 젊은 세대들도 느껴요. '그건 우리 부모님들 문제야……' 지금이야 물론 다르죠. '우리 부모님이 이런 일 저런 일이 일어나기를 원한다면…… 그래, 좋아! 그러시라고 해! 하지만 제발 우리는 그 문제에서 벗어나게 해줘……. 우리는 그 문제에 그다지 관심이 없거든.' 이게 정말로 일반적인 정서더군요. 결국 이건 독일에서처럼 세대 간의 문제예요.

"함께 행동하는 데서 유발되는 이런 권력의 느낌은
그 자체로는 절대로 그릇된 게 아니에요.
그건 인간이 느끼는 일반적인 감정이에요"

페스트 이 재판들은—어느 정도는 뉘른베르크 재판제2차 세계대전이 끝난 후 연합국 주도로 이뤄진 나치 전범 재판처럼, 그리고 주로 뉘른베르크에서 열린 관련 재판들처럼—새로운 유형의 범죄를 세상에 폭로했습니다.

아렌트 그게 정말로 새로운 유형의 범죄라는 점에는 동의하지만 단서를 달고 싶어요. 우리는 어떤 범죄자를 떠올릴 때 범행 동기가 있는 사람을 상상해요. 그런데 아이히만을 살펴보면 실제로는 아무 범행 동기가 없었어요. 우리가 일상적으로 범행 동기라고 이해할 만한 게 없었다는 거죠. 그는 나머지 사람들에게 동조하기를 원했어요. 그는 '우리we'라고 말하고 싶어 했는데, '나머지 사람들에게 동조하기'와 '우리라고 말하고 싶어 하기'만으로도 역사상 가장 극악한 범죄가 자행되게 만들기에 충분했죠. 사실 히틀러 지지자들은 결국 이런 종류의 상황에 전형적인 사람들이 아니에요. 그 사람들은 타인의 지지가 없다면 무력해질 거예요.
그렇다면 여기서 실제로 벌어지고 있는 일은 무엇일까요? 나는 아이히만에게만 집중하고 싶어요. 그를 잘 아니까요. 내가 우선 말하고 싶은 것은, 남들에게 동조하는 것—많은 사람이 함께 행동하는 데 끼고 싶어 하는 것—이 권력power을 낳는다는 거예요. 혼자 있을 때는 당신이 얼마나 강한 사람인지 여부와는 상관없이 늘 무력해요. 함께 행동하는 데서 유발되는 이런 권력의 느낌은 그 자체로는 절대로 그릇된 게 아니에요. 그건 인간이 느끼는 일반적인 감정이에요. 그렇다고 선한 감정도 아니에요. 그냥 중립적인 감정이에요. 그건 단순히 하나의 현상이라고 기술할 필요가 있는 보편적인 인간적 현상이에요. 그런 식으로 행동하면 극도의 쾌감이 느껴지죠. 여기서 이런저런 근거를 한없이 인용하지는 않겠어요. 미국독립혁명American Revolution 사례를 인용하는 것만으로도 몇 시간을 보낼 수 있어요. 기능하기functioning는 정말로 변태적인 행위양식이고, 이런 기능하기에는 항상 쾌감이 따른다는 말을 하고 싶네요. 그렇지만 행위에서 중요한 것은 남들과 함께 행동하기, 즉 함께 상황을 논의하기, 어떤 의사 결정에 도달하기, 책임을 받아들이기, 우리가 하는 일에 대해 사유하기 등이 있는데, 이 모든 것이 기능하기에서는 제거돼요. 당신이 거기서 얻는 것은 그저 관성대로 굴러가는 것freewheeling일 뿐이죠. 이런 단순한 기능에서 얻는 쾌감이, 이런 쾌감이 아이히만에게서 꽤나 눈에 잘 띄었어요. 그가 권력에서 특별한 쾌감을 얻었느냐고요? 나는 그렇게 생각하지 않아요. 그는 전형적인 공무원이에요. 그런데 공무원은 공무원 이상도 이하도 아닌 존재일 때 정말이지 대단히 위험한 신사gentleman예요. 여기에서 이데올로기는 그다지 큰 역할을 수행하지 않았다고 봐요. 내 눈에는 이게 결정적인 요인으로 보여요.

페스트　　내가 새로운 유형의 범죄를 들며 의미했던 것은 다음과 같은 부류의 상황입니다. 전후에 독일과 연합국들 양쪽 모두에서 제3제국the Third Reich의 리더들을 악마로 묘사하는 경향이 있었습니다. 독일인들은 히틀러부터 아이히만에 이르는 이런 인물들을 항상 지옥 저 깊은 곳에서 온 야수들로 봤습니다. 독일인들이 자기에게 유리한 알리바이를 만들어내려고 그런 식으로 이해했을 법도 합니다. 지옥 저 깊은 곳에서 온 야수의 힘에 굴복하는 게 아이히만처럼 너무도 평범한 재주를 가진 사람에게 굴복하는 것보다 당연히 죄책감을 훨씬 덜 느끼게 되니까요.

아렌트　　　게다가 그게 훨씬 더 흥미롭죠.

페스트　　　정말요? 좋습니다. 연합국들의 상황도 사뭇 비슷했습니다. 이 경우 그들은 1939년 이전까지 자신들의 결단력이 부족했던 데 대한, 유화정책을 채택했던 것에 대한 일부 핑곗거리를 찾아냈습니다. 그리고 한편으로 악마의 화신을 상대해서 거둔 승리는, 지옥에서 온 이런 야수를 상대로 거둔 승리는 훨씬 더 영광스러워 보입니다.

아렌트　　　내가 보기에 히틀러를 악마화하는 것은 연합국들 내에서보다는 독일인 망명자를 포함한 독일인들 사이에서 훨씬 더 보편적인 일이에요. 사실 연합국들은 진실이 세상에 드러났을 때 유례를 찾을 수 없을 정도로, 이루 헤아리지 못할 정도로 경악했어요. 이게 독일에서는 참담할 정도로 과소평가되고 있어요. 그런 상황을 알게 됐을 때, 평범한 군인이 베르겐벨젠Bergen-Belsen 수용소를 봤을 때, 그리고 그 밖의 여러 사건에서, 그들은 존재의 핵심이 흔들릴 정도로 크나큰 충격을 받았어요……. 나는 무수히 많은 대화를 통해 그 모습을 봐왔어요. 나는 해외에서 살았기 때문에 이 말을 할 수 있는 거예요…….

으음, 악마화 자체는 당신이 올바르게 말했듯이 알리바이를 제공해줄 수 있어요. "당신들은 악마의 화신에게 무릎을 꿇었기에 죄가 없다." 그런데 무엇보다도…… 이봐요. 우리의 총체적인 신화는, 또는 우리의 총체적인 전통은 악마를 타락 천사로 봐요. 타락 천사는 당연히 늘 천사로 남아 있는 천사보다 훨씬 더 흥미로워요. 후자는 우리에게 좋은 이야깃거리를 제공하지 않으니까요. 달리 말해 악惡은, 1920년대와 1930년대에는 특히, 그 자체만으로도 진정한 깊이가 있는 존재라는 것을 보장하는 역할을 수행했어요. 그렇게 생각하지 않아요? 철학에서도 동일한 상황을 보게 돼요. '부정the negative이야말로 역사를 추동하는 유일한 존재'와 같은 상황을요. 우리는 이 아이디어를 대단히 멀리까지 논의해나갈 수 있어요. 결과적으로, 우리가 누군가를 악마로 묘사한다면 우린 스스로를 흥미로운 존재로 보이게끔 만들 뿐 아니라, 남들은 갖지 못한 깊이를 우리 자신에게 몰래 부여할 수 있어요. 그러지 못하는 이들은 지나치게 얄팍한 사람들이라서 가스실에서 누군가의 목숨을 빼앗지 못해요. 지금 나는 일부러 이런 예를 말하고 있는 것이지만, 결국에는 그게 현실이 되었죠. 어쨌든 악마적인 아우라aura를 자기 자신에게 조금도 부여하지 않은 사람이 존재했다면, 그건 바로 헤어herr 아이히만이었어요.

젊은 시절의 한나 아렌트, 연도 미상

페스트	아이히만은 실제로는 대단히 왜소한 인물이라 어느 관측자는 자기가 엉뚱한 사람을 잡아서 재판에 회부한 게 아니냐고 묻기까지 했습니다. 실제로 그는 잔인한 사람이 아니었고 이 점은 모든 서류에 꽤나 명백하게 드러납니다. 실제의 그는 그하고는 정반대되는 인물이죠. 그는 지시받은 짓을 수행하는 걸 항상 어렵게 여겼습니다. 그리고 자신이 항상 그걸 특히 어렵게 여겼다는 사실에서 가치 있다는 느낌을 얻었고요.
아렌트	맞아요. 사실이에요. 그리고 불행히도 그건 대단히 흔한 일이죠. 우리는 우리가 무슨 일을 하길 즐기느냐 그렇지 않으냐 여부로 선하고 악한 것을 판단할 수 있다고 생각해요. 악은 항상 유혹의 형태를 띠고 나타나는 반면 선은 우리가 자발적으로는 절대 하려고 들지 않는 일이라고들 생각하죠. 무례하게 들릴지 모르지만 나는 이건 터무니없는 헛소리라고 생각해요. 브레히트는 선한 일을 하려는 유혹은 우리가 늘 이겨내야 하는 무엇이라는 점을 항상 보여주고 있어요. 정치이론 분야로 돌아가 보면, 마키아벨리에게서 똑같은 것을 읽을 수 있고 심지어는 칸트에게서도 비슷한 맥락을 읽어낼 수 있어요. 따라서 아이히만과 다른 많은 이들은 우리가 선행이라고 부르는 일을 하려는 유혹을 대단히 자주 받았어요. 그런데 그들은 그런 유혹을 제대로 이겨냈어요. 그건 유혹이었으니까요.

"그 사람들 행동에 심오한 의미는 하나도 없어요.
악마적인 것은 하나도 없다고요!"

페스트　맞습니다. 우리가 우리의 문화적 관점, 종교적이고 철학적이고 문학적인 관점에서 볼 때 악을 상상하고 표현해온 방식에는 아이히만 같은 유형을 위한 자리가 존재하지 않는다고 당신은 이미 지적했습니다. 당신의 저작에 담긴 주된 아이디어 중 하나가—부제에 이미 드러난—"악의 평범성the banality of evil"인데, 이 표현은 많은 오해로 이어졌어요.

아렌트　맞아요. 실제로 이런 오해들이 전체 논쟁에 가득한데, 그건 참다운 논쟁의 하찮은 일부에 속할 뿐이에요. 달리 말해 이런 오해들은 상황이 어쨌건 생겨났을 거라는 게 내 입장이에요. 그 표현은 사람들에게 엄청난 충격을 줬는데, 나는 그 이유를 완벽하게 이해할 수 있어요. 나 자신도 거기에서 큰 충격을 받았으니까요. 내 입장에서도 그건 감당할 준비가 전혀 안 된 개념이었어요.

자, 오해 중 하나는 이거예요. 사람들은 평범한 것은 아주 흔하다고도 생각해요. 하지만 내가 생각한 것은…… 내가 말하려던 바는 그게 아니었어요. 나는 우리 모두의 내면에 아이히만이 있고, 우리 각자는 아이히만과 같은 측면을 갖고 있다는 말을 하려던 게 절대 아니에요. 내가 하려던 말은 오히려 그 반대예요! 나는 내가 누군가를 꾸짖으면 그들이 내가 들어본 적도 없는, 그래서 전혀 흔하지 않은 말을 하는 모습을 완벽하게 상상할 수 있어요. 그러면 나는 "너무 평범해banal. '진부하다'라는 뜻도 있다" 하고 말해요. 아니면 "별로 안 좋아" 하고 말하거나요. 그게 내가 말하려던 뜻이에요.

나치 전범 아돌프 아이히만의 재판이 열린 예루살렘 법정의 모습(1961)

평범성banality은 정말로 간과할 수 없는 현상이었어요. 그 현상은 우리가 듣고 또 들었던, 솔직하게 말해서 믿기 힘든 클리셰와 표현 방식들에서 저절로 모습을 드러냈어요. 평범성으로 뜻하려던 바를 설명해줄 이야기를 해드리죠. 예루살렘에서 나는 에른스트 윙거Ernst Jünger, 1895~1998가 언젠가 들려주었지만 한동안 잊고 있던 이야기를 떠올렸어요.

전쟁 중에 에른스트 윙거는 포메라니아독일과 폴란드 북부에 위치한 지역 아니면 메클렌부르크독일 북동부에 있는, 발트 해에 면한 지역에서—아니, 포메라니아였다고 생각해요—소작농 몇 명을 우연히 만났어요.(이 이야기는 『방사放射Strahlungen』에 나와요. 『방사』는 에른스트 윙거가 제2차 세계대전 때 쓴 일기를 모은 책으로 1949년에 처음 출판됐다—원주.) 그런데 그 소작농 중 한 명은 러시아인 전쟁 포로들을 포로수용소로부터 넘겨받아 자기 집에 거둔 사람이었어요. 당연히 그 포로들은 쫄쫄 굶고 있었죠. 러시아인 전쟁 포로들이 이 나라에서 어떤 대접을 받았는지는 당신도 알 거예요. 소작농은 윙거에게 말했어요. "글쎄, 그놈들은 인간 이하입디다. 소하고 다를 바가 없단 말이오! 그건 쉽게 알 수 있어요. 그놈들은 돼지 먹이를 먹어치우니까요." 윙거는 이 이야기에 이런 코멘트를 했어요. "독일인들은 때때로 악마에 사로잡혀 있었던 것 같다." 하지만 그의 표현은 뭔가 '악마적'인 것을 뜻한 게 아니었어요. 봐요, 이 이야기에는 뭔가 터무니없이 멍청한 게 있어요. 멍청한 이야기라는 말이에요. 그 소작농은 굶주린 사람은 누구나 그런 짓을 하리라는 걸 알지 못해요. 그 입장에서는 누구라도 그런 식으로 행동할 텐데요.

이 멍청함에는 정말로 터무니없는 게 있어요. ……아이히만
은 완벽하게 지적이었지만 이 측면에서는 멍청했어요. 너무
도 터무니없이 멍청한 사람이었어요. 내가 평범성이라는 말
로 뜻하려던 게 바로 그거예요. 그 사람들 행동에 심오한 의
미는 하나도 없어요. 악마적인 것은 하나도 없다고요! 남들이
무슨 일을 겪는지 상상하길 꺼리는 단순한 심리만 있을 뿐이
에요. 그렇지 않아요?

"인간 각자는 입법자예요. 칸트철학에서는 어느 누구도 순종할 권리를 갖지 않아요"

페스트 당신은 아이히만, 그리고 회스Rudolf Höß, 1900~1947. 1940년 5월 중순부터 1943년 11월까지 재임한 아우슈비츠 수용소장─원주도 특별히 독일
적인 인물이라고 말하겠습니까? 당신은 조금 전에 칸트를 언
급했습니다. 그리고 아이히만 자신도 재판 중에 가끔 칸트를
언급했습니다. 그는 일평생 칸트의 도덕 계율을 따랐으며 칸
트의 의무duty 개념을 그의 지도 원리로 삼았다고 말했습니다.

아렌트 맞아요. 당연한 말이지만, 꽤나 무례한 언급 아닌가요? 헤어
아이히만이 하기에는요. 결국 칸트의 총체적인 윤리학은 모
든 사람은 행위를 할 때마다 자기 행위의 규범이 보편 법칙
general law이 될 수 있는지 심사숙고해야 한다는 것으로 종합
돼요. 달리 말해…… 칸트의 윤리학은, 말하자면 순종하고는
완전 반대예요! 인간 각자는 입법자예요. 칸트철학에서는 어

느 누구도 순종할 권리를 갖지 않아요. 아이히만이 칸트에게서 취한 유일한 것은 경향성inclination이라는 치명적인 개념이에요. 칸트의 도덕철학에서 경향성이라는 개념과 의무라는 개념은 늘 대비된다—원주. 그런데 이런 개념이, 불행히도 독일에 널리 퍼져 있어요. 독일에서 의무라는 이 별난 개념은…… 얘길 좀 드릴게요. 히틀러나 아우슈비츠 재판에 회부된 보게르Wilhelm Boger, 1906~1977. 경찰국장이자 강제수용소 감독관이었던 아우슈비츠의 정치부장으로 복무하는 동안 보여준 잔혹성으로 악명이 높았다. 1965년 프랑크푸르트 아우슈비츠 재판에 회부돼 종신형을 선고받았다—원주 같은 사디스트들을 봐요. 히틀러는 아마 살인 본능을 가진 살인자였을 거예요. 내 생각에 이 사람들은 전형적인 독일인이 아니에요.

내가 보기에 독일인은 유달리 잔혹한 민족은 아니에요. 사실 나는 그런 민족적인 특징은 믿지 않아요……. 그럼에도 내가 방금 전에 한 이야기는, 윙거의 이야기는, 분명히 독일적이에요. 내가 말하는 바는 칸트가 말했듯이, 칸트가 한 말을 지금 그대로 인용해도 된다면요, "다른 모든 사람의 처지에서 생각하"지 못하는 이 무능력이에요. 그래요, 그런 무능력……. 이런 종류의 멍청함. 이건 벽돌담을 상대로 말을 거는 것과 비슷해요. 그래 봐야 아무 반응도 없을 거예요. 이 사람들은 당신에게 절대로 관심을 갖지 않으니까요. 그게 독일적인 거예요. 독일 특유의 것으로 나한테 깊은 인상을 준 또 하나는, 순종을 이상화하는 이 정신 나간 사고방식이에요. 우리는 어린아이일 때, 그런 게 필요할 때 이런 의미의 순종을 해요. 그 나이에 순종은 굉장히 중요한 문제예요. 하지만 열네 살, 늦어도 열다섯 살이 되면 그렇게 고분고분 순종하는 태도는 버려야죠.

페스트 '맹세oaths' '명령orders' '순종'을 언급하는 뒤편에는 단순한 변명 이상의 무엇이 있다고 생각하지는 않나요? 아이히만은 이 단어들을 끝없이 언급했습니다. 그는 자신이 어렸을 때부터 말 잘 듣는 사람으로 양육됐다고 설명했습니다. 그는 물었죠. "내가 불복종을 해서 얻을 이득이 뭡니까? 그런 짓이 어떤 점에서 나한테 쓸모가 있었겠습니까?" 그러면서 그는 더 이상 그에게 명령이 하달되지 않던 1945년 5월, 세상이 끝장나고 있다는 느낌에 갑자기 압도당했다고 말했습니다.

아렌트 지도자leader 없는 삶!아렌트가 '지도자'를 가리키는 데 쓴 용어는 "총통Führer"이다—원주.

페스트 순종이라는 문제는 그의 평생을 관통하는 라이트모티프leitmotif. 예술 작품에 반복적으로 등장하는 주제나 중심 사상처럼 기능합니다. 재판 기록에서 그걸 읽을 수 있는데, 그 문제는 영원토록 불쑥불쑥 튀어나옵니다. 완벽히 허깨비 같은 존재의 라이트모티프와 정말로 비슷합니다.

아렌트 맞아요, 우리는 이 허깨비를 어디에서나 볼 수 있어요. 하지만 그가 그런 것들, 그러니까 '명령' '맹세' '하느님' '복종 의무' '순종은 미덕이다'와 관련이 있는 유일한 사람은 아니었어요. 그렇죠? 또한 아이히만은 '노예 같은 순종'에 대해 말했어요. 예루살렘에서 그는 끔찍하리만치 혼란스러운 심리 상태를 보이면서 갑자기 그 모든 게 노예처럼 복종하는 문제였을 뿐이라고, 거기에 선한 것은 아무것도 없었다는 등의 말을 했어요. 맞죠? 그래서 사람들 마음속에서는 그런 생각이 영원토록 꼬리를 물고 맴돌고 있어요. '맹세'에 대한 언급, 사람들에게서 책임을 앗아 갔다는 생각 등등…… 이것들은 아이히만에게서만 볼 수 있는 게 아니에요. 나는 뉘른베르크 재판 기록에서도 그걸 발견했어요. 거기에도 뭔가 터무니없이 멍청한 게 있어요. 봐요, 아이히만은—남들이 그랬던 것처럼—분노에서 비롯한 이런 공격적인 행위들을 저질렀어요. 그러면서 말했죠. "그들은 우리가 책임질 일은 없을 거라고 약속했습니다. 그런데 지금 우리는 온갖 책임을 다 뒤집어쓴 채 남겨졌습니다. 그렇지 않습니까? 거물들은 어떻게 지냅니까? 당연한 일이지만 그들은—늘 그렇듯—책임을 모면했습니다"라고요. 우리는 그 거물들이 어떻게 책임을 모면했는지 알아요. 그들은 스스로 목숨을 끊거나 교수형을 당했어요. 어떤 상황이 그로테스크하다고 말할 때 이 상황을 떠올리지는 마세요. 전체적인 사태가 그저 우스울 뿐이니까요! 그래요, 사실 그들은…… 그들은 이제 산 사람이 아니에요! 이 모든 게 그 사람들이 여전히 살아 있어야만 의미가 있단 걸 당신이 기억하지 못한다면…… 으음, 그런 경우에는 그 무엇도 당신에게 도움이 안 돼요.

페스트 　 그런데 여기에는 더 심오한 문제가 어느 정도나 잠복해 있나 요? 전체주의적인 상황에서 살아가는 사람들에게는 어느 정 도나 책임을 물을 수 있죠? 이건 아이히만 유형의 사람들에 게만 적용되는 게 아니라 맞은편에 있는 유덴라트에도 동일 한 방식으로 적용됩니다.

아렌트 　 그 질문에 대한 답을 방금 했어요. 봐요, 그건 정말로 놀라운 현상이에요. 조금이라도 뉘우치고 한탄한 사람은 이 사람들 중에 아무도 없었어요. 그래요, 프랑크Hans Frank, 1900~1946. 나 치 독일의 수석 법학자이자 전쟁 동안 폴란드 중부와 남부, 우크라이나 서부를 아 우르는 영토를 가졌던 동방총독부(General Government)의 총독. 뉘른베르크에서 전쟁범죄와 인간성에 반한 범죄를 저지른 죄로 재판에 회부된 그는 유죄판결을 받 고 1946년에 처형됐다—원주는 분명 뉘우쳤어요. 하이드리히Reinhard Heydrich, 1904~1942. 나치 고위 관료이자 '최종해결책(Final Solution)'의 주요 설 계자 중 한 명. 1942년 5월 27일에 프라하에서 체코슬로바키아 병사들에게 공격 을 받은 그는 체코슬로바키아 정부에 의해 수송됐지만 부상 때문에 일주일 후 사망 했다—원주도 임종할 때는 그랬더라는 말이 있어요. 라이Robert Ley, 1890~1945. 나치 정치인이자 1933년부터 1945년까지 독일노동전선의 우두머 리. 1945년에 뉘른베르크에서 전쟁범죄에 관한 재판을 기다리던 중 자살했다—원주 는……．

페스트 　 맞습니다. 프랑크의 경우, 나는 그게 순전히 감정적으로 격해 진 상태에서 표명한 뉘우침이라고 말하고는 합니다. 그는 그 러더니 법정 최후진술에서 자신의 뉘우침을 곧바로 철회했죠.

아렌트 맞아요!

페스트 그건 대단히 애매모호한 감정이었습니다.

아렌트 그래서 내가 "뉘우치고 한탄한 사람이 아무도 없었다"라고 말할 수 있는 거예요.

페스트 적어도 근본적으로는요, 그걸 단일 사례로 명확하게 입증할 수는 없잖아요.

아렌트 잘 알려졌듯 아이히만은 "뉘우침과 한탄은 꼬맹이들을 위한 것"이라고 말했어요. 뉘우침과 한탄을 표한 사람은 아무도 없었어요. 반면에 우리는, 어느 누구도 뉘우치고 한탄하지 않았을 때 자신의 행위를 옹호하면서 "그래요, 사실 우리는 그 짓을 이런저런 이유에서 했고 내 생각은 지금도 변함없습니다. 우리는 전쟁에서 졌습니다. 하지만 우리의 승패 여부는 그런 일을 한 원인 자체에는 아무 영향도 끼치지 않습니다" 하고 말하는 사람이 최소한 한 명쯤은 있어야 하지 않나 생각해봐야 해요. 그런데 실제 현실에서 그런 사례는 젖은 행주처럼 무너져버렸어요. 어느 누구도 자신이 한 짓을 옹호하지 않았죠. 자신을 방어할 논리를 아무도 내세우지 않았어요. 그리고 이 점은 당신이 방금 간단히 언급한 현상—순종—에 꽤나 중요한 듯이 보여요. 그렇게 생각하지 않아요? 달리 말하면 그들은 그냥 남들에게 동조하고 싶었던 거예요. 그들은 만

재판을 받는 아돌프 아이히만(1961)

사에 동조할 준비가 돼 있었어요. 누군가 그들에게 "우리와 살인을 저지르더라도 당신은 고작 우리 중 한 사람일 뿐이야" 하고 말하면 그들 입장에서는 좋은 일이죠. "**절대로** 살인을 저지르지 않아도 당신은 우리 중 한 사람일 뿐이야" 하고 말해도 그들로선 역시 좋은 일이고요. 그게 내가 그 상황을 보는 방식이에요.

페스트   맞는 말입니다. 실제로 아이히만은 미국인들에게 감금당하자 누군가 다른 사람의 리더십에 복종할 수 있게 돼서 기뻤다고 밝혔습니다. 그리고 법정이나 심문, 예비심문에서 알고 있는 모든 것을 말할 준비가 돼 있던 그의 기이한 태도는, 아마도 그가 어떤 종류의 권위건 현존하는 권위라면 거기에 절대적으로 순종할 준비가 돼 있다는 것과 동일하게 해석됩니다. 권위라면 그게 어떤 종류건 실현 가능한 한계까지 순종할 준비가 돼 있었다는 거죠.

아렌트   믿기 힘든 일이에요. 그는 예루살렘에서 놀라울 만큼 행복감을 느꼈어요. 거기에는 조금도 의문의 여지가 없어요. 재판장은 란다우Moshe Landau, 1912~2011. 아이히만 재판을 주재한 판사로 그 자신이 나치 독일을 탈출한 망명자였다—원주였고, 레스 경감Captain Avner W. Less, 1916~1987. 1961년에 공판 전 심문으로 아이히만을 275시간 동안 심문한 이스라엘의 젊은 경찰관—원주까지 다양한 계급의 사람들이 등장했죠. 헤어 물리쉬가 올바르게 말했듯아렌트는 그녀가 대단히 높이 평가한 독일 저널리스트 하리 물리쉬(Harry Mulisch, 1927~2010)가 아이히만 재판에 대해 쓴 책 『형사사건 40/61 Strafsache 40/61』에 대해 언급하고 있다—원주, 아이히만은 레스 경감을 고해신부처럼 활용했어요. 그는 "경감님, 모든 것을 기꺼이 말하겠습니다" 하고 말했죠. 물론 그는 돋보이는 인물이 되고 싶어도 했어요. 어쨌든 그는 자신의 인생사를 들려줬죠. 아무튼 책임이라는 문제, 그 문제로 돌아갈까요?

페스트 예, 그렇게 하시죠.

아렌트 그러니까 사람들을 재판에 회부할 때 우리는 그들에게 그 일에 대해 책임이 있다고 생각해요. 법적인 측면에서 보면 우리한테는 그럴 권리가 있어요⋯⋯. 우리한테는 권리가 있어요. 그들이 명령에 따르는 대신 선택할 수 있는 대안이 순교는 아니었으니까요. 대안은 양쪽 모두에게 있었어요. 그들은 굳이 동조할 것 없이 스스로 결심할 수 있었어요. "고맙습니다만⋯⋯ 당신들 생각에 동의하지 않습니다. 나는 내 목숨을 거는 짓을 하지 않습니다. 나는 이런 상황에서 벗어나려고 애쓰고 있습니다. 이런 상황을 모면할 수 있는지 알아보려고 애쓰고 있습니다." 그렇지 않나요? "나는 어느 누구하고도 뜻을 같이하지 않습니다. 내가 억지로 동의해야만 하는 처지가 되면 스스로 목숨을 끊을 겁니다." 이럴 수도 있었다고요. '우리we'가 아니라 '나'라고 말하는 것—스스로 판단하는 것—을 뜻하는 거예요. 스스로 판단하는 것은 대중의 모든 층위에 속한 사람들이, 세상 모든 곳에서 했던 일이에요. 종교를

믿는 사람과 믿지 않는 사람, 늙은이와 젊은이, 교육받은 이
와 못 받은 이, 귀족과 부르주아와 대단히 많은 노동자, 어마
어마한 수의 노동자가 말이에요. 나는 특히 베를린에서 그런
일이 벌어지는 것을 목도할 수 있었어요.

우리가 볼 수 있듯, 동조했던 사람들은 늘 똑같은 방식으로
자신들의 행위를 옹호했어요. 그들은 늘 말했죠. "우리는 상
황이 더는 악화되지 않도록 계속 그 상태에 머물렀을 뿐입니
다." 맞죠? 하지만 이런 옹호는 철저히 거부돼야 마땅해요. 상
황이 그보다 더 악화될 수는 없는 노릇이었으니까요.

페스트　　그리고 뉘른베르크 재판의 미국인 검사 잭슨Robert H. Jackson,
1892~1954. 뉘른베르크 재판의 미국 측 수석 검사—원주은 이런 상황에 대
한 심경을 대단히 적절하고 특징적인 방식으로 밝혔습니다.
그는 샤흐트와 파펜할마르 샤흐트(Hjalmar Schacht, 1877~1970)는 히틀러 정
권에서 제국은행(Reichsbank) 총재와 경제부 장관으로 일한 경제학자이자 은행가이
며 정치인이고, 프란츠 폰 파펜(Franz von Papen, 1879~1969)은 1933년과 1934년에
히틀러 밑에서 부총리로 일한 정치인이다—원주을 언급하면서 말했습니
다. "우리가 이 사람들에게 어째서 그리도 오랫동안 동조했는
지 물으면 이들은 상황이 악화되는 것을 막고 싶었기 때문이
라고 말합니다. 모든 일이 어찌 그리 악화되었느냐고 물으면
이들은 자기에게는 아무 힘도 없었노라고 말합니다." 이 지점
에서 모든 논리가 정말로 허물어져버리고, 그들이 제출한 옹
호서는 단순한 변명이 돼버립니다.

아렌트 맞아요. 그들도 모두 공무원이었어요.

페스트 물론이죠.

아렌트 망설임은 있었죠. 그들은 망설임을 가진 공무원들이었어요. 하지만 그들의 망설임은 인간이라면 그저 한 사람의 공무원으로 존재하기를 멈춰야 하는 한계가 있다는 걸 스스로에게 명확히 보여줄 정도까지 나아가지는 않았어요. 그들이 자기 자리를 떠나 "맙소사, 추악한 일들은 다른 누군가 하게끔 합시다!" 하고 말했다면, 그랬다면 그들은 어느새 다시금 인간이 됐을 거예요. 공무원으로 존재하는 대신에 말이에요. 그렇지 않았을까요?

페스트 맞습니다. 그런데 전체주의 정권이나 전체주의적 상황에서 결백한 상태로 남을 수 있는지 여전히 한 번 더 묻고 싶군요. 영웅적인 행동을 하는 사람은 많지 않습니다. 당신도 그 사람들이 영웅이 될 거라고는 기대할 수 없습니다. ……하지만 그들은 범죄자도 아닙니다. 그들은 이따금 범죄를 방조한 사람들일 뿐입니다.

아렌트 맞아요. 그런데요, 방조자가 되는 건 끔찍한 일이에요. 여기서 중요한 측면은, 그 사람들이 범죄를 구경만 했더라도 유죄였다는 거예요. 달리 말해 그들이 나치의 행위에 동조하지 않았건 아니면 그 즉시 동조해서 그들 자신을 망쳤건 유죄였다는 것이고, 그것이 대단히 많은 사람을 몰아붙인 충동이에요. 방조자가 되는 것과 관련해서 야스퍼스가 중요한 말을 했다고 생각해요. 그는 "우리가 살아 숨 쉬는 것은 죄"라고 말했어요.카를 야스퍼스, 『독일 국민의 죄의 문제Questions of German Guilt』 2판, 포드햄대학교 출판부, 2000, 66쪽—원주. 맞죠? "우리는 입을 굳게 다물어야만 목숨을 부지할 수 있었기 때문이다." 하지만 당신이 알 듯, 목숨을 부지할 줄 아는 것과 그 실행 사이에는 거대한 심연이 있어요. 알고서도 외면하고 떠난 사람과 실행에 옮긴 사람 사이에는요. ……따라서 아무 짓도 하지 않은 사람이, 구경만 하고 자리를 뜬 사람이 "우리는 모두 유죄"하고 말한다면 그건 실제로 철저히 실행한 사람들을 감싸는 게 돼요. 바로 이게 독일에서 일어났던 일이에요. 따라서 우리는 이런 죄책감을 일반화해서는 안 돼요. 그건 진짜 죄인들을 감싸는 짓일 뿐이니까요. 어쨌든, 괜찮다면 이 문제에 대해 약간 더 말하고 싶어요.

"상황이 전체주의적이라는 것이 우리가
반드시 범죄자가 돼야 한다는 것을 뜻하지는 않아요"

페스트　　　그렇게 하시죠.

아렌트　　　우리는 전체주의적인 상황에서 무력powerlessness 현상이 존재한다는 것을 인식할 필요가 있어요. 절대적으로 무력한 상황에서도 행동할 수 있는 방법이 여전히 있다는 것도 인식할 필요가 있고요. 달리 말해, 상황이 전체주의적이라는 것이 우리가 반드시 범죄자가 돼야 한다는 것을 뜻하지는 않아요. 무력 현상은 정세에 결정적인 영향을 미쳐요. 물론 이것이 그들 모두가 처한 상황이었어요. 그들은 절대적으로 무력했어요. 그들은 모두 고립된 처지였기 때문에, 함께 어딘가에 소속되지 않았기 때문에, 10여 명밖에 안 되는 사람조차 한자리에 모여 서로 신뢰할 수 없는 상황이었기 때문에 저항을 벌일 가능성이 전무했어요.

페스트   프라우 아렌트, 당신은 이런 상황과 관련해서 우리가 부당한 짓을 저지르느니 부당한 짓에 시달리는 게 낫다는 유서 깊은 명제로 그럭저럭 상황을 버텨낼 수 있다고 말하겠습니까?

아렌트   이 명제는 소크라테스에게서 비롯했어요. 우리 맥락에서 다르게 말하면, 그 명제는 기독교를 위한 종교적인 계명으로 등장하기 전에, 그리고 서구인들이 권위적인 사람들로 변하기 전에 유대인들로부터 받아들여 만든 거예요. 소크라테스가 항상 덧붙인 말은, 아니 그보단 플라톤이 그렇게 했던 말은, 이 명제를 증명할 수는 없다는 것이었어요. 일부 사람들의 경우 이건 절대적으로 명백한 일이에요. 우리는 남에게 '당신은 이런 방식으로 행동해야 한다'라는 식의 명제를 증명할 수 없어요. 그렇다면 그걸 명백하다고 보는 사람들은 그렇게 믿는 이유가 뭘까요?
그런데 소크라테스가 내놓은 또 다른 명제가 있어요. 내가 보기에 다음 명제가 우리에게 그 이유를 제공하죠. "자기 자신과 불일치disunity하는 것보다는 세계 전체와 불일치하는 편이 낫다. 나는 통일체unity니까." 내가 나 자신과 통일돼 있지 않다면 감당할 수 없는 갈등이 일어나요. 이를테면 그건 도덕 영역에 모순이 있다는 생각인데, 칸트의 정언명령에서 보아도 여전히 타당한 얘기예요. 이 생각의 전제라면 실제 현실에서 내가 자존심을 유지하는 것인데, 이를테면 나 자신과 하나가 되는 것이며 "나는 이러저러한 일은 하지 않을 겁니다" 하고 말하는 것이에요. 그런 짓을 저지른 누군가와 같이 살길 원치 않으니까요. 내가 이러저러한 짓을 저질렀다면 나한테 남은 유일한 길은 자살이 될 거예요. 아니면 시간이 흘러 기독교적 방식으로 생각하면서 내 행동 양식들을 바꾸고 회개를 해야겠죠.

자존심을 유지한다는 것은 물론 자신에게 말을 건다는 뜻이에요. 그리고 자신에게 말을 건다는 건 기본적으로 사유를 하는 거예요. 전문적인 사유가 아니라 누구나 할 수 있는 사유를 말하는 거예요. 따라서 이런 생각의 뒤편에 있는 추정은 '나는 나 자신과 대화할 수 있다'는 거예요. 내가 세계와 굉장히 심하게 분열해서 나 자신과—어쩌면 친구와, 그리고 다른 자아와—대화하는 데 의지하는 것 말고는 어쩔 도리가 없는 상황들이 있을 수 있어요. 아리스토텔레스가 근사하게 말한 "자기 안의 타인autos allos"처럼 말이에요. 내가 보기에 이것은 무력한 상황이 실제로 어떠할지 보여줘요. 아무런 행동도 취하지 않고 그냥 뚜벅뚜벅 갈 길을 간 사람들은 자신이 무력하지만 이 명제를 고수한다는 것을, 무력한 누군가도 여전히 사유는 할 수 있다는 명제를 고수한다는 것을 인정한 사람들이죠.

페스트 아이히만과 대량 학살에서 관료제가 수행한 역할 문제로 돌아가죠. 관료주의적인 조직에 투입된다는 것은 개인에게 무엇을 의미하는 건가요? 어떤 사람이 권위 있는 조직의 일부일 때 부당함에 대한 인식은 얼마나 많이 증발할까요? 개인에게 주어진 책임은 그저 부분적인 책임일 뿐이라는 사실은 더 이상의 도덕적 통찰을 얻지 못하게 할까요? 아이히만은 "나는 내 책상에 앉아 나한테 주어진 일을 했습니다" 하고 말했습니다. 나치의 전직 단치히Danzig. 폴란드의 항구도시 지방장관 Gauleiter은 그의 공적인 영혼은 항상 그가 한 일과 일치했지만 사적인 영혼은 항상 그걸 반대했다고 밝혔습니다.페스트가 여기서 언급한 인물은 1935년부터 1945년까지 단치히-서西프러시아의 지방장관(국가사회주의 독일노동당 지역별 지부의 당 지도자) 알베르트 포스터(Albert Forster, 1902~1952)다. 포스터는 재임 기간에 수만 명의 유대인과 게르만 민족 색깔이 불분명한 독일인의 대량 학살과 이주, 강제 동화에 직접 관여한 책임자였다─원주.

아렌트 맞아요. 이게 이른바 살인자들 사이에서 나타난다는 내면적 이민internal emigration. 나치즘에 반대했으면서 나치가 정권을 잡은 후에도 독일에 남기를 선택한 독일 작가들을 일컫는 논쟁적인 용어이에요─이것은 내면적 이민이나 내적인 저항inner resistance이라는 개념 전체가 소멸했다는 뜻이죠. 내 말은, 그런 건 없다는 거예요. 세상에는 외면적 저항만 있을 뿐이에요. 인간의 내면에는 기껏해야 심리 유보Reservatio mentalis. 노골적인 거짓말은 아니지만 역시 사람들을 기만하는 행위의 한 형태만 있어요. 맞죠? 그것들은 허깨비들이 하는 거짓말이에요. 속이 훤히 들여다보이는 대단히 역겨운 거짓 말이요. 관료제는 대량 학살을 행정적으로 자행했고, 그런 상황은 여느 관료제가 그러는 것처럼 자연스럽게 익명성의 느낌을 창출해냈어요. 개별적인 인간은 사라졌어요. 관련된 개인이 판사 앞에 모습을 드러내는 순간, 그는 다시금 인간이 돼요. 이게 실제로 사법 시스템의 대단히 인상적인 측면이에요. 그렇지 않나요? 진짜 변신이 일어나는 거예요. 그 사람이 "하지만 저는 그저 관료일 뿐이었습니다" 하고 말하면 판사는 이렇게 말할 수 있어요. "잘 들어요. 당신이 여기 있는 이유는 그게 아니오. 당신이 여기에 서 있는 것은 당신이 인간이고 당신이 어떤 짓들을 저질렀기 때문이오." 이런 변신은 뭔가 대단히 인상적이죠.

관료제가 본질적으로 익명성을 갖는다는 사실 말고도, 무자비한 행위는 무엇이건 책임이 증발되는 것을 허용해요. "멈춰서 생각해보라Stop and think"라는 영어 관용구가 있어요. 어느 누구도 하던 일을 멈추지 않는 한 생각에 잠길 수 없어요. 당신이 누군가에게 무자비한 짓을 강요하거나 또는 그들 스스로 그런 짓에 빠져들도록 방치할 경우 늘 똑같은 이야기로 귀결돼요. 그렇잖아요? 당신은 책임에 대한 인식이 발전할 수 없다는 것을 번번이 알게 될 거예요. 그런 인식은 어떤 사람이 자신에 대해서가 아니라 자기가 하고 있는 행위에 대해서

숙고하는 순간에만 발전할 수 있어요.

"부분적인 책임이 있다고 해서
부분적인 죄책감을 느끼는 게 결코 아니에요"

페스트   이런 총체적인 상황에서 유발된 일부 사법적 결과에 대해 잠시 논의해보죠. 특히 우리가 막 논의했던 주제와 관련된 질문에 대해서요. 아이히만 같은 유형은 여전히 전통적인 개념의 살인자에 속할까요? 그는 살인자라기보다는 살인을 일삼는 조직체의 부속품에 더 가깝지 않을까요? 그가 진 부분적인 책임은 총체적인 죄책감을 정당화할까요?

아렌트   우리는 이미 동기 없는 살인에 관해 언급했어요. 우리에게 친숙한 치정이나 사리사욕 같은 범행 동기가 없는 살인에 관해서요……. 또는 강한 신념 없이 범죄를 저지른 가해자-중간적 인물이 있죠. "나도 어쩔 도리가 없었어요!" 하고 말하는 인물들 말이에요. 이런 의미에서 우리가 물려받은 개념들은 우리에게 이 문제를 다룰 방안을 전혀 주지 않아요. 책상에 앉아서 또는 대중 속에서 저지르는 이런 살인에 관해 말하라면…… 그건 물론 일반적인 살인자와는 비교가 안 될 만큼 무시무시한 인간형이에요. 자신에게 당하는 피해자하고는 아무런 관계도 없는 사람이잖아요. 정말로 파리 잡듯 사람들을 죽이는 거죠.

당연한 얘기지만, 부분적인 책임이 있다고 해서 부분적인 죄책감을 느끼는 게 결코 아니에요. 아이히만은 사람을 실제로 죽이는 업무를 부여받지는 않았어요. 그는 그런 일에는 적합하지 않았으니까요. 하지만 그는 살인 절차의 일부였어요! 실제로 누가 이걸 했고 저걸 했는지는 중요하지 않아요. 내 말 뜻은…… 내가 "하지만 그는 전형적인 살인자는 아니에요" 하고 말할 때 그 말은, 그가 그런 살인자보다 더 나은 사람이라는 뜻이 아니에요. 내가 뜻하는 바는 그가 끝없이 악한 존재라는 거예요. 우리가 '범죄 본능'이라고 부르는 것을 그가 전혀 갖고 있지 않았다고 해도 말이에요. 그는 그런 일에 끌려 들어갔어요. 하지만 나는, 이렇게 말해도 괜찮다면, 헤어 아이히만보다 훨씬 더 호감 가는 살인자들을 찾아낼 수 있을 것 같아요.

페스트　예루살렘 법정은 이 질문에 대한 결정적인 대답도 내놨습니다. 이 사건은 단순히 목숨이 위태로웠던 피해자들과 관련한 대중 범죄mass crime에 머물지 않고 가해자들하고도 관련이 있는 범죄라고 밝혔을 때 말입니다. 이 지점에서 다음 문장을 인용하고 싶습니다. "실제로 피해자를 살해한 사람과…… 거리가 얼마나 떨어져 있었는지는 책임 범위에 조금도 영향을 주지 않는다……. 오히려 책임의 정도는 자신의 두 손으로 치명적인 살해 도구를 사용한 사람에게서 멀리 떨어져 있을수록 증가한다."『예루살렘의 아이히만』(바이킹 펭귄, 1963) 247쪽을 보라—원주.

아렌트　맞아요, 지당한 말이에요. 나도 그 문장을 인용했어요. 그 문장은 최종 판결문에 나와요. 그 말에 전적으로 동의해요.

페스트   하지만 이 사건에서 가동 중인 사법적 규범들이 책임의 본질을 철저히 파악할 수 있는지는 여전히 의문입니다. 당신은 그렇다고 말하겠습니까?

아렌트   법학 교과서는 행정적으로 수행된 대량 학살을 처리할 준비가 되어 있지 않아요. 세상 그 무엇도 우리가 이런 유형의 가해자를 상대하도록 준비시켜주지 못하죠. 우리가 여전히 정의를 행할 수 있던가요? 법학 교과서와 부합하지는 않지만 이를테면 실질적인 정의를 말이에요? 사실 판사들은—그들은 그렇다는 걸 부인하려고 전력을 다해 투쟁하지만—항상 조금의 주저함도 없이 판결을 내려요.
……정의는 두 가지 결과를 낳아요. 먼저, 정의는 훼손됐던 질서를 회복해야 해요. 이건 질서를 훼손한 당사자들이, 우리가 지금 논의하는 사람들이 유죄판결을 받아야지만 성공하는 치유 과정이죠. 둘째는 내가 보기에 우리 유대인에게 영향을 끼치는 것으로…… 판사 중 한 명이 인용했지만 애석하게도 사람들이 그다지 관심을 기울이지 않은 흐로티위스Hugo Grotius, 1583~1645. 국제법의 기초를 닦은 네덜란드 법학자를 인용해야겠군요. 그는 가해자가 처벌받아야 하는 이유가 피해를 당하거나 상처를 입은 사람의 명예 및 품위와 관련된다고 말했어요. 이건 피해자가 감내한 고통하고는 아무런 관련이 없어요. 무엇인가 올바로 세우는 것하고도 전혀 관계가 없고요. 이건 정말

로 명예와 품위의 문제예요. 봐요, 우리가 독일에 있었을 때 그 문제는 우리 유대인에게 중대했어요. 독일인들이 그들 가운데 살인자를 두고서도 추호도 동요하지 않으면서 계속 살아갈 수 있다고 생각한다면, 그건 유대인의 명예와 품위에 반하는 생각이에요.

페스트   당신 책 얘기로 돌아갑시다, 프라우 아렌트. 책에서 당신은 아이히만 재판이 유럽 한복판과 유럽의 모든 나라에서, 박해자와 피박해자 가운데서 엇비슷하게 일어난 도덕적 붕괴의 총체적 본질을 발가벗긴 방식에 대해 언급했습니다. 당신 책에 대한 반응—한편에서는 이런 붕괴를 부인하고 다른 편에서는 총체적인 죄책감을 고해하는 것으로 구성된 반응—은 당신이 입증하려고 애쓰던 것을 정확히 보여주나요?

아렌트   으음, 맞아요. 내 책에 대한 이런 반응은 내 입장에서는…… 그건 물론 테스트 케이스test case. 선례로 남을 만한 판례였어요. 하지만 그 사건 이후로는 내가 애초에 예상했던 의미의 케이스가 아니었죠. 내가 여러 차례 경험한 사례를 얘기해볼게요……. 이 책을 엄청나게 많은 사람이 원고 단계에서 읽었어요.(내 입장에서 이건 흔치 않은 일이에요.) 그렇게 원고 단계에서 책을 읽은 사람 중 최소 50퍼센트가, 어쩌면 그보다 많은 사람이 유대인이었어요. 그런데 책 출판 이후에 나온 것과 동일한 반응을 보인 사람은 그중 단 한 명도 없었어요. 그들은 그와 비슷한 반응조차 보이지 않았어요! 실제로 그들 중에는,

당연한 일이지만, 내 친구들과 내가 잘 아는 사람들이 포함돼 있었죠. 그리고 이 책을 읽고 그들은…… 한 명이 아니라 여러 명의 유대인이 원고 단계에서 이 책을 읽고는 정말로 열광적인 반응을 보이지 않았나요. 그런데 캠페인이 시작되니까 그들은 자신들이 이 책을 원고 단계에서 이미 읽었다는 사실을 완전히 잊어버리더군요. 이 현상을 더 잘 이해하고 싶다면—이건 별개의 현상이에요—나탈리 사로트^{Nathalie Sarraute,} _{1900~1999. 20세기 중반에 활동한 프랑스 여성 소설가}가 쓴 『황금열매』를 읽어봐야 해요. 그녀는 그런 현상을 코미디로 묘사했어요. 그건 실제로 코미디였어요. 지식인 사회를 다룬 코미디요. 그렇지 않나요? 의견들이 이쪽저쪽으로 그네를 타는 것, 그 과정에서 영향을 받는 것 말이에요……. 많은 사람들이 일반적으로 인식하는 것보다 더 많이 이런 것들에 영향을 받아요. 그렇죠? 이런 현상은 지능하고는 아무 관련이 없어요. 사람은 지능이 대단히 높아도 그런 식으로 행동할 수 있어요.

페스트 당신은 캠페인을 언급했습니다. 당신이 책에서 도출해낸 여러 관련성에 대한 반대의 배후에는 물론 많은 이유가 있습니다. 그리고 그런 반대 의견 중 일부는—이 말은 꼭 해야만 합니다—존중하는 마음으로 상대할 가치가 있죠. 여기서 의문이 제기됩니다. 우리가 말하는 진실이 한쪽에서는 어떤 정당한 이해관계와 갈등하고 다른 쪽에서는 대중의 감정과 갈등하더라도 우리는 진실을 말해야 마땅한가요?

아렌트   자, 여기서 당신은 논쟁을 통틀어 내가 정말로 흥미를 가지는 유일한 문제를 언급했어요.

나는 내가 누군가의 정당한—**정당하다**라는 말을 강조해주세요!—이해관계를 훼손했다고 생각하지 않아요. 하지만 어쨌든 이게 논쟁적인 이슈고 내가 실제로 그것들을 훼손했다고 가정해봐요. 내가 그래야만 옳았을까요? 글쎄요. 나는 그건 사학자들이 할 일이라고, 그리고 그 시절을 살았고 그 시절에 독립적인 처지에 있던 사람들—그런 사람들이 있는데, 그들은 사실적 진리factual truth의 수호자가 될 필요가 있어요—이할 일이라고 생각해요. 사회가 이 수호자들을 내쫓았을 때, 또는 국가가 그들을 구석으로 몰거나 담벼락에 밀쳤을 때 일어나는 일을 우리는 역사를 집필하는 과정에서 봐왔어요. 러시아를 예로 들어보죠. 러시아에서는 5년마다 새 역사책이 나와요. 국가나 사회는 자기들의 정당한 이해관계가 진실과 갈등하는 상황이 됐을 때도 여전히 이런 사실적 진리의 수호자들과—원칙적으로—이해관계를 가질까요? 이 사례에서 나는 그렇다고 말하겠어요. 그런 후에 일어나는 일이라면 물론, 이 책에서는 별로 중요하지 않은 두세 가지 진실을 은폐하려고 구구절절한 변명서를 작성해서 시장에 내놓는 거고요. 그런 책략은 성공하지 못할 거예요. 역사적으로 그런 종류의 책략들은 결코 성공하지 못했어요.

그런데 또 다른 문제가 있어요. 정당한 감정이 무엇이냐 하는 거죠. 거기에는 의문의 여지가 없어요. 나는 일부 사람들에게 상처를 줬어요. 내 입장에서는, 내가 사람들에게 상처를

『예루살렘의 아이히만』이 처음 연재된 〈뉴요커〉 표지와 연재면 (1963)

췄을 때가 어쩐지 단체들이나 그들의 이해관계에 방해가 됐을 때보다 더 마음이 불편해요. 난 이걸 심각하게 받아들여요. 하지만 그보단 이해관계의 문제가 원칙과 더욱 관련된 문제라고 할 수 있겠죠. 자, 나는 이런 정당한 이해관계에—본질적으로는 내 스타일을 통해서 그런 것인데 그에 대해 더 많은 얘기는 못하겠네요—상처를 줘왔어요. 그러니까 여기서 가져야 할 정당한 감정은 슬픔이라는 게 내 생각이에요. 그게 유일한 감정이죠! 자기만족의 감정이 아니고요! 그런데 이걸 이해하는 사람이 무척 드물어요. 내가 이 문제와 관련해서 할 수 있는 일은 하나도 없어요. 사실 나는 사람들이 이런 일에 대해 얘기할 때 감정적인 어조를 취하면 안 된다고 생각해요. 그건 스스로를 비하하는 거니까요. 그런데 그 모든 것에 나는…… 우리가 웃을 수도 있어야 한다고 생각해요. 그건 주권 sovereignty의 한 형태니까요. 그리고 나는 내가 사용하는 반어법에 대한 모든 비판이, 정말이지 취향이라는 측면에서 볼 때 대단히 불쾌해요. 그건 순전히 개인적인 문제거든요. 매우 많은 사람의 눈에 나는 분명히 무척 불쾌한 존재예요. 나는 거기에 대해서는 아무것도 할 수 없어요. 내가 뭘 어쩌겠어요? 그들은 그냥 내가 마뜩지 않은 거예요. 사람들은 자기가 어떤 식으로 자길 드러내는지, 으음, 그들 스스로는 몰라요.

페스트   마지막 질문입니다, 프라우 아렌트. 『예루살렘의 아이히만』을 독일에서 출판하지 말라고 충고한 사람이 굉장히 많았습니다. 그들은 "대중의 인식에 끼치는 부정적 영향" 같은 문구를 사용했어요. 그런 부정적인 영향이 정확히 어떻게 발생할 수 있었을까요?

아렌트   글쎄요, 유대인 단체들은 괴상한 불안감을 느끼는 게 분명해요. 그들은 사람들이 내 주장을 악용할지도 모른다고 생각해요. 그들은 반유대주의자들이 "바로 이거야" 하고 쾌재를 부르면서 "비난받을 사람은 유대인들 자신"이라고 말할 거라고 생각해요. 반유대주의자들이 그러기는 하죠. 하지만 내 책을 읽으면 알겠지만 그 안에 반유대주의자들이 이용해먹을 건 없어요. 그리고 많은 사람이 독일인들은 아직 분별력을 갖고 있지 않다고 생각해요. 글쎄요, 독일인들이 아직 분별력을 갖추지 못했다면, 우리는 아마 최후의 심판 때까지 기다려야겠죠.

정치와 혁명에 관한 사유—하나의 견해

라이프　당신의 저서 『폭력론On Violence』『폭력론』은 1970년에 하코트 브레이스 조바노비치 출판사에서 처음 출판됐다. 2년 후 이 책은 이 인터뷰가 영어로 처음 등장한 『공화국의 위기』(하코트 브레이스 조바노비치, 1972)에 포함됐다—원주은 서구 국가들의 혁명적인 학생운동 문제에 관해 여러 지점에서 의견을 제기합니다. 그런데 최종적으로 한 가지 문제는 명확하지 않은 채로 남습니다. 당신은 학생저항운동student protest movement을 대체로 역사에서 긍정적인 과정으로 간주하나요?

아렌트　당신이 한 '긍정적'이라는 말이 무슨 뜻인지 모르겠군요. 내 짐작에 당신이 하려는 말은 '내가 그걸 찬성하느냐 반대하느냐'일 거예요. 으음, 나는 학생운동의 일부 목표는 환영해요. 내가 학생운동에 관해서라면 다른 나라에 비해 더 잘 알고 있

이 인터뷰는 1970년 여름, 독일 작가 아델베르트 라이프(Adelbert Reif, 1936~)와 나눈 대화다. 아델베르트 라이프는 독일, 오스트리아, 스위스에서 저널리스트로 활동했으며 죄르지 루카치, 에른스트 블로흐, 에리히 프롬, 클로드 레비스트로스 등과 대담을 남겼다. 이 인터뷰는 한나 아렌트의 저서 『공화국의 위기』(1972)에 먼저 수록되었다.

는 미국에서는 특히요. 나는 다른 나라의 운동에 대해서는 중립적인 태도를 취하고, 일부 나라의 운동에 대해서는, 예를 들어 대학을 정치 이슈화하고 '재기능화refunctioning'(독일어로는 umfunktionieren이라고 부르는 것)하자는 것은, 즉 대학들의 기능을 왜곡하자는 주장이나 그와 비슷한 주장은 위험천만한 허튼소리로 간주해요. 하지만 정치에 참여할 권리에 대한 주장은 그렇게 생각하지 않아요. 나는 일정한 한계 내에서는 그런 주장들에 철저히 찬성해요. 그런데 지금 당장은 그 문제를 논하고 싶지 않아요.

국가 간 차이를 무시한다면, 물론 그 차이는 대단히 크지만요, 그리고 이게 글로벌한 운동—이런 형태로는 결코 존재한 적이 없었던 운동—이라는 점만 고려한다면, 또 (운동의 목표와 견해, 독트린은 별개로 하고) 모든 나라의 현 세대를 이전 세대들과 정말로 차별화해서 고려한다면, 처음으로 나한테 강한 인상을 준 그들의 특징은 정치적으로 활동하려는 투지, 정치적인 활동을 벌이면서 느끼는 기쁨, 그들 자신의 노력으로 상황을 바꿔놓을 수 있다는 확신이에요. 물론 이 특징은 각국의 다양한 정치 상황과 역사적 전통에 따라 나라마다 굉장히 상이한 형태로 표현돼요. 나라별로 학생들의 정치적 재능이 대단히 상이하기 때문에 다르게 표현된다는 뜻이죠. 이 문제는 나중에 다시 논했으면 해요.

이 운동의 발단을 짧게 살펴보도록 하죠. 이 운동은 1950년대에 미국에서 꽤나 갑자기 생겨났어요. 당시는 이른바 침묵의 세대silent generation. 1920년대 중반부터 1940년대 초 사이에 태어나 대공

황과 세계대전을 겪은 세대, 세상사에 냉담하고 감정을 드러내지 않는 세대가 살던 시대죠. 직접적인 원인은 남부에서 일어난 민권운동civil rights movement이었어요. 거기에 처음 합류한 것은 하버드의 학생들로, 그들은 이후에 동부의 다른 유명 대학 학생들을 끌어모았죠. 남부로 간 그들은 운동을 빼어나게 조직했고, 한동안 비범한 성공을 거뒀어요. 여론을 변화시키는 문제—그들은 이 문제에서 단기간에 명확한 성공을 거뒀어요—와 남부 여러 주의 특정 법률과 조례를 폐기하는 문제 같은 단순한 문제들에 국한한다면 말이에요. 요약하자면, 그들의 운동이 순전히 법적인 문제와 정치적인 문제를 다뤘을 때는 성공했다는 거예요. 그러다 그들은 북부 대도시 빈민가라는 어마어마한 사회적 욕구social needs와 충돌했어요. 그곳에서 그들의 활동은 참담한 실패로 끝났고 아무것도 성취하지 못했죠.

대학들을 상대로 한 활동이 시작된 것은 나중의 일로, 순전히 정치적 활동을 통해서만 달성할 수 있었던 것을 그들이 실제로 달성한 뒤의 일일 뿐이에요. 버클리에서 자유언론운동Free Speech Movement으로 시작해 반전운동으로 지속됐죠. 그런데 다시금 그 결과는 꽤나 비범해졌어요. 이런 발단에서, 특히 이렇게 거둔 성공들에서 비롯한 모든 것이 그때부터 세계 전역으로 퍼져 나갔어요.

마음에 들지 않는 상황은 변화시킬 수 있다는 이 새로운 자신감은, 미국에서는 특히 소소한 문제들에서 눈에 잘 띄어요. 전형적인 사례가 몇 년 전에 있었던, 상대적으로 별다른 피해가 없었던 대립이에요. 대학의 서비스직 직원들이 기준임금을 받고 있지 않다는 것을 알게 된 학생들은 파업을 해서 성공을 거뒀어요. 기본적으로 이건 대학의 운영 정책에 맞서 '자신들'의 대학과 연대하는 행위였어요. 다른 예로는 1970년에 대학생들이 선거 캠페인에 참여하겠다면서 휴강을 요구한 게 있어요. 많은 수의 대규모 대학이 학생들에게 이런 자유시간을 허용했어요. 이건 대학 당국이 학생들이 시민이기도 하다는 사실을 인식해야 가능한, **대학 바깥**의 정치적 활동이에요. 나는 두 사례를 분명 긍정적으로 간주해요. 하지만 그보다는 훨씬 덜 긍정적으로 간주하는 다른 사례들도 있어요. 그에 대해서는 나중에 얘기할게요.

근본적인 질문은 '정말로 일어났던 일은 무엇인가'예요. 내가 보듯, 단순히 프로파간다만 진행되는 수준에 머무는 게 아닌 자발적인 정치적 운동이, 활동만 정치적인 게 아니라 **거의 전적으로 도덕적인 동기에서 시작된** 정치적 운동이 대단히 오래간만에 처음으로 일어났어요. 일반적으로 단순한 힘겨루기나 이해관계에서 비롯한 행위로 보이는 운동에는 꽤나 드문 이런 도덕적 요인과 더불어, 우리 시대에는 생소해 보이는 또 다른 경험이 정치 게임에 등장했어요. 정치적 행위가 재미있다는 것이 밝혀진 거예요. 이 세대는 18세기가 "공적 행복public happiness"이라고 불렀던 것을 발견했어요. 공적 행복이란, 사람은 공적인 생활public life에 참여했을 때, 그러지 않았다면 그에게 닫힌 채로 남았을 인간적 체험의 차원을 혼자 힘으로 열어젖힌다는 것을, 그리고 그것이 여러 면에서 완전한

'행복'의 일부를 구성한다는 것을 뜻해요.

이런 모든 면에서 나는 학생운동을 대단히 긍정적으로 평가해요. 하지만 학생운동의 추후 발전은 다른 문제예요. 이른바 긍정적 요인들이 우수한 상태를 얼마나 오래 유지할 수 있겠는가 하는 것을, 그리고 그들이 이미 해체되는 과정에 들어선 것은 아닌지 여부를, 한편으로는 범죄와 맞닿아 있고 다른 편으로는 권태와 맞닿아 있는 광신과 이데올로기와 파괴적 성향이 그들을 잠식하지 않았는지 여부를 그 누가 알겠어요? 역사를 보면 선善한 상황은 지속 기간이 대단히 짧은 게 보통이지만 이후로 장시간 실제로 일어나는 사건들에 결정적인 영향력을 발휘해요. 그리스의 진정한 고전적 시기classical period 가 얼마나 짧았는지 생각해봐요. 그런데 그 시기는 사실상 오늘날에도 여전히 우리에게 영양분을 공급하고 있어요.

"혁명가는 길거리에 권력이 떨어져 있는 것이
언제인지를 알고, 그걸 집어 들 때가
언제인지를 아는 사람이에요"

라이프   **에른스트 블로흐**Ernst Bloch, 1885~1977. 독일의 마르크스주의 철학자이자 『자연법과 인간의 존엄성Naturrecht und menschliche Würde』 『희망의 원리』의 저자. 블로흐의 사상은 1960년대 학생저항운동에 영향력이 컸다―원주는 최근 어느 강연에서 학생저항운동은 알려진 목표들에만 국한되지 않고 유서 깊은 자연법에서 도출한 원칙들을 함유하고 있다고 지적했습니다. "굽실거리지 않는 인간들, 자기가 모시는 주인의 변덕에 아첨하지 않는 인간들"이라는 원칙 말입니다. 블로흐는 학생들이 경제적으로 어려운 상황에서 벌이는 단순한 시위하고는 구별되는 "혁명의 이런 전복적 요소"를 우리 의식에 되돌려놓았고, 그렇게 함으로써 "혁명의 역사에, 그리고 앞으로 도래할 혁명들의 구조에" 중요한 기여를 해왔다고 말했습니다. 당신의 견해는 어떤가요?

아렌트   에른스트 블로흐가 '자연법'이라고 부른 내용은, 학생운동이 도덕적으로 우월하게끔 착색coloration된 것에 대해 내가 말하면서 거론한 내용이에요. 하지만 혁명가라면 누구나 이와 유사한 점을 보여준다는 말도 덧붙여야겠네요. 그리고 그 지점에서 나는 블로흐하고 생각이 다르다는 점도요. 혁명사를 자세히 살펴보면, 탄압받고 멸시받던 사람들이 스스로 혁명의 길을 이끈 적은 결코 없었고, 탄압도 멸시도 받지 않았지만 남들이 그런 처지에 놓인 것을 도저히 참지 못한 사람들이 혁명을 이끌었다는 걸 알게 될 거예요. 다만 그들은 자신들의 도덕적 동기를 인정하는 게 부끄러워서 그런 사실을 대놓고 드러내지 않았을 뿐이에요. 이런 수치심은 대단히 유서가 깊은데, 여기서 그 역사를 세세히 설명하고 싶지는 않아요. 혁명의 역사에도 대단히 흥미로운 측면이 있기는 하지만요. 그런데 혁명에는 항상 도덕적 요인이 등장했어요. 요즘 사람들은 그걸 인정하는 것을 수치스러워하지 않기 때문에 오늘날에는 그게 더욱 명확하게 드러나는 거지요.

"굽실거리지 않는" 문제의 경우, 그건 당연히 일본이나 독일처럼 권력에 아부하는 정도가 그토록 어마어마하게 높은 나라들에서는 특히 중요한 역할을 수행해요. 반면 내 기억에 권력에 굽실거린 학생이 단 한 명도 없었던 미국에서 그건 정말로 무의미한 문제예요. 나는 이런 국제적인 운동은 나라별로 자연스럽게 다채로운 색을 띤다고 이미 언급한 바 있어요. 그리고 이런 국가별 착색은, 착색 자체의 성격상, 때때로 대단히 강렬한 특색이라는 것도 언급했고요. 그런 착색 때문에, 특히 외부인 입장에서는, 눈에 가장 잘 들어오는 것을 가장 중요한 것이라고 오인하기가 쉬워요.

에른스트 블로흐는 "도래할 혁명"을 믿는데, 나는 혁명이 도래할지, 도래한다면 어떤 구조를 갖게 될지 모르겠어요. 아무튼 그 문제에 대해서는 이렇게 말하고 싶어요. 우리 경험(매우 오래전으로 거슬러 올라갈 것도 없이 프랑스혁명과 미국독립혁명까지만 거슬러 올라가면 돼요. 그 이전에는 반란과 쿠데타가 있었을 뿐 혁명은 존재하지 않았어요)으로 볼 때, 혁명이 일어나려면 일련의 현상들이 혁명의 전제 조건—정부 조직이 와해될 거라는 위협, 정부의 존재 기반 약화, 정부에 대한 국민들의 불신, 공공 서비스의 실패, 이 밖에 다양한 다른 것들—으로서 발생해야 한다고 말할 수 있어요.

모든 열강이 권력과 권위를 상실한 상황을 확연히 볼 수 있어요. 열강 정부들의 손에 폭력을 행사할 도구가 엄청나게 축적되는 일이 동반 진행되지만, 무기가 늘었다는 사실이 상실된 권력을 보상해줄 수는 없어요. 그럼에도 이런 상황이 반드시 혁명으로 이어지는 것은 아니에요. 우선 예를 들자면 그런 상황은 반혁명counterrevolution으로, 독재 정권 설립으로 끝맺을 수도 있어요. 또 다르게는 철저히 지리멸렬하게 끝맺을 수도 있고요. 반드시 어떤 결과로 이어진다고는 말할 수 없어요. 오늘날 생존해 있는 사람 중에 도래할 혁명에 관해 조금이라도 아는 사람은 아무도 없어요. 에른스트 블로흐가 말한 "희망의 원리"는 어떤 종류의 확약도 하지 못해요.

지금 당장을 보면, 도래할 혁명을 위한 전제 조건 하나가, '진정한 혁명가 집단'이라는 조건이 결여돼 있어요. 좌익 학생들이 가장 되고 싶어 하는 존재—혁명가—는 그들의 현재 모습하고는 다른 존재라고 할 수 있어요. 그들은 혁명가로서 조직돼 있지도 않아요. 그들은 권력이 의미하는 바를 짐작도 못해요. 권력이 길거리에 떨어져 있고 거기에 그게 있다는 것을 안다고 해도 그들은 허리를 굽혀 그걸 집어 들 준비가 가장 덜된 사람들인 게 분명해요. 그런데 정확히 그게 혁명가들이 하는 일이에요. 혁명가는 혁명을 만들어내지 않아요! 혁명가는 길거리에 권력이 떨어져 있는 것이 언제인지를 알고, 그걸 집어 들 때가 언제인지를 아는 사람이에요. 무장봉기가 그대로 혁명으로 이어진 적은 역사상 단 한 번도 없었어요.

그럼에도, 혁명을 준비한다는 의미에서, 혁명으로 이어지는 길을 포장鋪裝해주는 것은 앞선 시대들에 제대로 행해지고는 했던 현 상황에 대한 제대로 된 분석이에요. 이런 분석들이 대체로 대단히 부적절한 분석이었다고는 해도 역사적 사실 자체는 만들어진 모습 그대로 분명히 남아 있어요. 이런 점에서 나는 이런 일을 하는 위치에 선 사람을, 가깝건 멀건 그

베를린공과대학에서 학생들이 독일의 긴급조치법 채택에 반대하던 모습(1968)

런 위치 근처에 있는 사람을 단 한 명도 못 봤어요. 학생운동이 이론적으로 무용하고 분석적으로 우둔하다는 것은 정치적 활동이 주는 즐거움만큼이나 인상적이면서 사람을 우울하게 만드는 일이에요. 독일에서 학생운동은 현실적인 문제에서는 꽤나 무력해요. 일부 폭동을 촉발할 수는 있지만 슬로건을 목청껏 외치는 것 말고는 아무 행위도 조직하지 못해요. 간혹 워싱턴에서 수십만 명이 참가하는 시위가 일어나는 미국에서는 학생운동이 그런 측면에서, 행위를 벌이는 능력 면에서 가장 인상적이에요! 하지만 두 나라의 학생운동 모두 정신적인 측면에서는 빈약해요. 국민들이 허심탄회하고 이론적인 담화를 나누길 좋아하는 독일에서 학생운동은, 주로 19세기에 유래한 진부한 개념과 범주category 들을 바삐 퍼뜨리는데, 경우에 따라서는 그런 개념들로 사람들 머리만 복잡하게 만들고 있어요. 이 중에서 당대의 상황과 조금이라도 관련된 것은 하나도 없어요. 심사숙고해서 내놓은 결과물이라고 할 만한 것도 하나도 없고요.

남미와 동유럽의 상황은 분명히 달라요. 그 지역에서는 무척이나 구체적이고 현실적인 경험들이 쌓여왔다는 게 주된 이유에요. 하지만 그 문제를 상세히 검토하다 보면 우리 논의가 주제에서 너무 멀어질 거예요.

에른스트 블로흐하고 "희망의 원리"와 관련해서 내가 다르게 생각하는 점을 말하고 싶어요. 서유럽과 미국에서 일어나는 학생운동의 가장 의심스러운 점은 운동이 풍기는 특이한 절망감이에요. 운동 지지자들은 그들이 장차 철저히 와해될 거라는 것을 이미 알고 있는 것만 같아요. 그들은 혼잣말로 이렇게 읊조리는 듯하죠. "우리는 적어도 우리의 패배를 이끌어내고 싶었어. 우리는 양처럼 순진한 존재가 되고 싶지는 않아." 폭탄을 투척하는 이 어린아이들에게는 미친 듯이 날뛰고 싶어 하는 욕구가 있어요. 프랑스 학생들이 지난 소동—1968년의 소동이 아니라 최근에 있었던 소동—동안 낭테르프랑스 파리 서쪽에 있는 도시의 벽에 써놓은 글을 읽은 적이 있어요. "Ne gâchez pas votre pourriture.(당신들의 부패를 망치지 마라.)" 옳소, 옳소. 세상 모든 것은 파괴돼야 마땅하다는, 모든 사람은 지옥에 가도 싸다는 이런 신념을, 이런 종류의 절망감을 세계 모든 곳에서 감지할 수 있어요. "희망의 원리"가 아직 알려지지 않은 미국에서는 다른 곳에서보다 덜 표명되고 있지만요. 그건 아마 미국인들이 아직은 그토록 절망할 필요가 없어서일 거예요.

"대학은 젊은 사람들이 다년간 모든
사회집단과 의무에서 벗어나는 것을,
진정으로 자유로워지는 것을 가능하게 해줘요"

라이프　　미국의 학생저항운동은 근본적으로 실패했다고 보나요?

아렌트　　결코 그렇지 않아요. 지금까지 학생운동이 거둔 성과는 무척 커요. 흑인문제와 관련해서 거둔 성공은 눈부시고, 전쟁 문제와 관련해서 거둔 성공은 그보다 더 클 거예요. 학생들이 반전反戰 같은 모든 사건에서 국민 여론을 양분하는 데 성공하면서 다수 세력majority의 편에 서거나, 대단히 강하고 고도의 전문 자격을 갖춘 소수 세력minority과 연대하는 데 성공한 게 주된 성공 요인이었어요. 하지만 학생운동은 실제로 대학을 파괴하는 데 성공하면서—나는 이게 실제로 가능한 일이라고 생각해요—자신들이 거둔 성공을 대단히 빨리 망가뜨렸어요. 이런 위험은 미국에서는 다른 나라에 비해 덜해요. 미국 학생들은 여전히 정치적 문제를 더 지향하고 대학 내부의 문제는 덜 주목하니까요. 그 결과 국민 중 일부는 본질적인 문제들에 대해서 그들과 연대감을 느껴요. 하지만 미국에서도 대학들이 파괴될 거라고 상상할 수 있어요. 전체적인 소란이 과학의 위기, 과학에 대한 믿음의 위기, 진보에 대한 믿음의 위기와 동반해서, 즉 단순한 정치적 위기가 아니라 대학의 내부적 위기와 동반해서 일어나기 때문이에요.

학생들이 대학을 파괴하는 데 성공한다면 결국 자신들의 활동 근거지도 파괴해버리고 말 거예요. 그리고 그건 그런 운동의 영향을 받은 모든 나라에서, 미국뿐 아니라 유럽에서도 맞는 말이겠지요. 그들은 또 다른 근거지를 찾아내지는 못할 거예요. 그들이 하나로 뭉칠 수 있는 곳이 대학 말고는 한 군데도 없을 테니까요. 대학의 파괴는 그에 뒤이은 운동 전체의 종말을 의미하게 될 거예요.

하지만 그게 교육 시스템이나 연구 시스템의 종말은 아닐 거예요. 두 시스템은 무척 다른 방식으로 조직할 수 있어요. 전문적인 훈련과 연구를 위한 다른 형태의 조직과 기관을 상상하는 것은 완벽하게 가능한 일이에요. 하지만 그런 기관에 대학생은 더 이상 없을 거예요. 우리, 학생의 자유라는 게 사실상 무엇인지 생각해봐요. 대학은 젊은 사람들이 다년간 **모든 사회집단과 의무에서 벗어나는 것**을, 진정으로 자유로워지는 것을 가능하게 해줘요. 학생들이 대학을 파괴한다면 그런 상황을 가능하게 해주는 조직은 더 이상 존재하지 않겠죠. 결과적으로 사회에 맞선 저항도 존재하지 않을 거고요. 그들은 일부 국가에서, 그리고 여러 시기에 걸쳐 자신들이 걸터앉은 나뭇가지를 톱으로 잘라내는 작업을 거의 마쳤어요. 그런 작업이 결국에는 난동을 벌이는 것으로 이어져요. 이런 식으로 학생 저항운동은 그들의 활동을 요구하는 세력을 얻는 데 사실상 실패할뿐더러 완전히 박살 날 수도 있었죠.

라이프   그 의견은 유럽의 학생저항운동에도 유효할까요?

아렌트   그래요. 그 생각은 대다수 학생운동에 적용될 거예요. 다시 말하지만, 저항운동이 대학에 직접 의존하지 않는 데다 인구 중 큰 수가 운동을 뒷받침해주는 남미와 동유럽 국가들의 학생운동에는 그다지 잘 적용되지 않아요.

"나는 우리가 역사로부터 대단히 많은 것을
배울 수 있다고는 확신하지 않아요"

라이프   당신의 저서 『폭력론』에는 이런 문장이 있습니다. "제3세계

는 실제reality가 아니라 하나의 이데올로기다.” 이 문장은 신성
모독처럼 들립니다. 당연한 말이지만 제3세계는 실제니까요.
더군다나 이 실제는 먼저는 서구 식민 세력에 의해, 나중에는
UN의 협력에 의해 출현했습니다. 따라서 이 실제가 자본주의
에 의해 탄생했다는 것은, 세계 젊은이들이 보편적으로 느끼
는 분노의 영향 아래 새로운 이데올로기로 이어졌다는 것은
전혀 놀랄 일이 아닙니다. 하지만 중요한 것은 뉴레프트New
Left의 이런 이데올로기가 아니라 순전히 제3세계의 존재라고,
무엇보다도 먼저 이 이데올로기를 가능하게 만들어준 제3세
계라는 실제라고 나는 믿습니다.

당신의 그 믿기 힘든 문장은 정말 제3세계의 실제에 대해 의
문을 제기하려는 의도에서인가요? 당신은 이에 대한 오해를
명쾌하게 해명할 수 있을 것 같은데요.

아렌트   그런 의도는 조금도 없어요. 나는 정말로 제3세계는 내가 말
한 정확히 그대로라고, 이데올로기 아니면 환상이라고 생각
해요.

아프리카와 아시아와 남미는 실제로서 존재해요. 이 지역들
을 유럽 그리고 미국과 비교해보면 그곳은—오로지 비교의
관점에서만—저개발 지역이라고 말할 수 있고, 당신은 그 점
때문에 그게 이 나라들 사이의 중요한 공통분모라고 주장할
거예요. 하지만 당신은 그들이 공유하지 **않는** 무수히 많은 것
들을 간과하고, 그들이 공유하는 게 다른 세계와 대비할 때에
만 존재하는 차이점일 뿐이라는 사실을 놓치죠. ‘저개발’이라

는 아이디어를 중요한 요소로 보는 그런 관점은 유럽인과 미국인이 가진 편견이에요. 모든 것은 그저 관점에 따른 문제로, 논리적 오류가 있어요. 언제 한번 중국인을 붙잡고서 "당신은 아프리카에 사는 반투족과 정확히 동일한 세계에 속하는 사람"이라고 말해보세요. 장담컨대 당신은 평생 본 중에 가장 경악하는 반응을 보게 될 거예요. 제3세계가 존재한다고 말하는 데서 명확한 정치적 이익을 얻는 유일한 사람들이라면 물론 가장 낮은 단계에 있는 사람들—즉 아프리카에 사는 흑인들—이에요. 그들의 경우라면 이해하기 쉬워요. 하지만 나머지 경우에는 전부 헛소리일 뿐이에요.

뉴레프트는 올드레프트Old Left의 무기고에서 제3세계라는 표어를 빌려왔어요. 제국주의자들이 식민지와 식민국을 구분하던 데서 받아들인 거죠. 제국주의자들 입장에서 이집트는 당연히 인도와 비슷해요. 두 나라 모두 '피지배 인종subject races'이라는 분류명 아래 들어가죠. 제국주의자들이 다른 모든 차이점을 무시해버린 것을 뉴레프트가 레이블만 뒤집어 다는 식으로 복제한 거예요. 이건 노상 하는 이야기예요. 모든 표어에 곧이곧대로 속아 넘어가는 것, 사유하지 못하는 무능력이나 현상을 실제 있는 그대로 보길 꺼리는 것, 현상을 마땅히 분류할 수 있다는 믿음을 바탕으로 현상마다 알맞은 범주를 적용하지 않는 것 등. 바로 이게 이론적인 무력함theoretical helplessness을 이뤄요.

새 슬로건—만국의, 또는 예전 모든 식민지의, 아니면 모든 저개발 국가의 원주민들이여 단결하라!—은 그것의 원본이

자 결국에는 철저하게 신망을 잃은 옛 슬로건—만국의 노동자여 단결하라!—보다 훨씬 더 정신 나간 표어예요. 나는 우리가 역사로부터 대단히 많은 것을 배울 수 있다고는 확신하지 않아요. 역사는 늘 새로운 내용으로 꾸준히 우리와 대면하니까요. 하지만 마땅히 학습할 수 있어야 할 사소한 것은 몇 가지 있어요. 나는 이 세대에 속한 사람들 중에서 그런 식으로 현실을 인식하는 사람을, 그런 현실에 대해 심사숙고하는 수고를 감당하려는 사람을 어느 곳에서도 보지 못했다는 사실 때문에 그런 의혹들을 가득 품게 됐어요.

라이프　　오늘날 마르크스주의 철학자와 사학자 들은, 그리고 엄밀한 의미에서 그에 속하지 않는 사람들도, 인류의 역사적 발전의 현 단계에서 미래에 가능한 대안은 자본주의 아니면 사회주의, 두 가지뿐이라는 관점을 취합니다. 당신이 보기에는 또 다른 대안이 존재하나요?

아렌트　　나는 역사에서 그런 대안들은 보지 못해요. 역사에 닥쳐올 게 무엇인지도 모르고요. 우리 "인류의 역사적 발전" 같은 거창한 문제들에 대해서는 얘기하지 말도록 해요. 역사는 십중팔구 우리의 이런저런 예상하고는 부합하지 않는 쪽으로 방향을 틀 거예요. 우리, 역사가 우리에게 놀라움을 안겨주기를 바라도록 해요.
하지만 당신이 밝힌 역사적 대안들에 대해 잠시 살펴보죠. 역사는 결국 누구도 계획하지 않았고 누구도 예상하지 못했던 자본주의라는 경제 시스템으로 시작했어요. 이 시스템은, 일반적으로 알려진 것처럼, 역사상 이런 형태—즉, 군사적 정복이 없는 형태—로는 결코 일어난 적이 없던 엄청난 수탈 과정을 통해 시동을 걸었어요. 수탈과 초기의 자본축적, 그것이 자본주의가 발생하면서 따른 법칙이자 단계별로 발전하면서 따른 법칙이었어요. 요즘 사람들이 사회주의를 말할 때 상상하는 게 무엇인지는 나도 몰라요. 하지만 러시아에서 실제로 일어난 일들을 자세히 살펴보면, 거기서도 수탈 과정이 훨씬 심하게 진행됐다는 것을 알 수 있을 거예요. 오래된 수탈 과정이 다시금 고삐가 풀린 것 같은 현대 자본주의국가들에서 진행되는 것과 대단히 유사한 현상을 관찰할 수도 있을 거고요. 혹독한 과세, 사실상의 화폐 평가절하, 불황과 짝을 이룬 인플레이션, 이것들 말고 그 어느 것이 상대적으로 유순한 형태의 수탈일까요?

이런 수탈 과정 때문에 국민의 삶이 도저히 견딜 수 없을 지경에 도달하는 것을 꾸준히 막아주는 정치적·법적 장치들은 서구 국가들에만 존재해요. 러시아에는 물론 사회주의가 아니라 국가사회주의state socialism가 존재하는데, 그건 국가자본주의와 동일한 체제일 거예요. 즉, 총체적 수탈 체제인 거죠. 총체적 수탈은 사유私有를 보호하는 모든 정치적·법적 안전장치들이 자취를 감췄을 때 일어나요. 예를 들어 러시아의 특정 집단들은 대단히 높은 생활수준을 누려요. 곤란한 점은 이 사람들이 마음대로 처분할 수 있는 대상—자동차, 별장, 고급 가구, 기사 딸린 리무진 등—이 무엇이건 그들이 소유하지는 못한다는 거예요. 정부는 언제라도 그들에게서 그것들을 앗아 갈 수 있어요. 거부巨富일지라도 통치 세력과 갈등을 빚기라도 하면 하룻밤 사이에—취업할 권리조차 없는—거지로 전락할 수 있어요.(최근 소련 사람들이 진실을 말하기 시작한 소련의 문학작품은 얼핏만 보아도 모든 경제이론과 정치이론보다 더 강렬한 방식으로 끔찍한 현실을 증언한다는 걸 알게 될 거예요.) 우리가 한—이론과 이데올로기하고는 구별되는 경험으로서의—모든 경험은 자본주의의 발흥과 함께 시작된 수탈 과정이 생산수단을 수탈하는 데 그치지 않았다는 것을 알려줘요. 경제 세력들과 그들이 장악한 장치들로부터 독립한 법적·정치적 제도들이 수탈 과정에 본질적으로 내재한 극악한 가능성들을 통제하고 저지할 수 있어요. 그런 정치적 통제는, 자신을 사회주의자로 부르건 자본주의자로 부르건 이른바 복지국가에서 가장 잘 기능하는 듯 보여요. 자유를 수호해주는 것은 정치권력과 경제권력 사이의 분열이고, 또는 마르크스주의 표현을 쓰자면, 국가와 그 구성 세력이 상부구조 superstructure가 아니라는 사실이에요.

이른바 서구 자본주의국가들에서 우리를 보호해주는 것은 자본주의가 아니라, 직원들의 사적 영역private sphere을 무단으로 침범하려는 대기업 관리진의 몽상이 현실이 되지 않게 막아주는 사법 시스템이에요. 그런데 이런 몽상은 정부 자체가 직원들의 고용주가 되는 곳이면 어느 곳에서건 실현돼요. 미국 정부를 위해 일하는 공무원들의 취업을 승인하는 시스템이 사생활을 존중하지 않는다는 것은 비밀도 아니죠. 특정 정부

기관들이 최근에 품은, 개인 가정집을 도청하려는 욕구는 정부가 모든 시민을 피고용인처럼 삼으려는 시도로도 볼 수 있어요. 도청이 수탈의 한 형태가 아니면 무엇이 수탈일까요? 정부 기관은 스스로 시민들이 거주하는 아파트와 주택의 공동소유자 노릇을 하고 있어요. 러시아에서는 벽에다 복잡한 장치들을 심을 필요가 없어요. 그 나라에서는 스파이가 어떤 식으로건 모든 시민의 아파트에 앉아 있으니까요.

마르크스주의 관점에서 이런 발전들을 판단해야 한다면 나는 이렇게 말하겠어요. 수탈은 정말이지 현대적 생산의 본질이고 사회주의는, 마르크스가 믿었듯, 자본주의에 의해 시작됐을 때처럼 산업화한 사회가 불가피하게 귀결하는 결과물일 뿐이라고. 그랬을 때 제기되는 의문은, 이 과정이 동구에서 전락한 것 같은 극악한 체제로 전락하지 않도록 통제권 아래 두고 그 상태를 유지하기 위해 우리가 할 수 있는 일이 무엇인가 하는 거예요. 이른바 특정 공산주의국가들에서—예를 들어 유고슬라비아연방 공화국으로 존재하다 1991년에 크로아티아와 슬로베니아, 보스니아헤르체고비나, 마케도니아, 몬테네그로, 세르비아로 해체된 나라에서, 심지어는 동독에서—경제 관련 규제를 풀고 분권화하려는 시도들이 이뤄지고 있고, 수탈 과정에서 나오는 지독히 끔찍한 결과들을 예방하려고 대단히 중요한 양보들이 행해지고 있어요. 무척 다행스럽게도, 중앙집권화와 노동자들의 노예화가 특정 수준에 도달하면 생산자 입장에서는 대단히 불만족스러운 결과가 나온다는 것이 증명됐어요.

근본적으로 그건 현대 경제의 대단히 비인간적인 상황에서조차 우리가 얼마나 많은 재산과 얼마나 많은 권리를 한 사람에게 허용할 수 있느냐 하는 문제예요. 하지만 "노동자들이 그들의 공장을 소유한다" 하는 식의 말을 나한테 할 수 있는 사람은 아무도 없어요. 공동소유는 잠깐만 생각해보더라도 모순적인 용어예요. 재산은 나한테 속하는 거예요. 소유권은 정의상 내가 소유한 재물과 관련이 있어요. 남들의 생산수단은 당연히 나한테 속한 것이 아니어야 마땅해요. 그것들은 제3의 당국에 의해 통제될지도 모르는데, 그건 그 생산수단이 어느 누구에게도 속하지 않는다는 뜻이에요. 최악일 가능성이 높은 소유주는 정부일 거예요. 진정으로 독립적인 법관들이 경제 영역의 이런 권력들을 엄격히 통제하고 저지하지 않는다면 말이에요. 오늘날 우리가 가진 문제는 수탈자들을 어떻게 수탈할까가 아니라, 자본주의와 사회주의 시스템 안에서 산업화한 사회에 재산을 수탈당한 대중이 재산을 되찾을 수 있도록 사태를 조정하는 방법이 무엇일까 하는 거예요. 이 한가지 이유만으로도 자본주의와 사회주의 사이의 대안은 틀렸어요. 그것들이 어느 곳에서도, 어떤 식으로건 순수한 국가 형태로 존재하지 않기 때문이기도 하고, 이 세상에는 서로 다른 모자를 쓴 쌍둥이가 존재하기 때문이기도 해요.

동일한 사태를 다른 관점—피압박자들의 관점—에서 살펴볼 수 있는데, 그런다고 그보다 나은 결과가 나오지는 않아요. 그런 경우 우리는 자본주의가 대규모 사유지와 기업과 길드를, 봉건사회의 모든 구조를 파괴했다고 말해야 해요. 자본주의는 개인과 그의 재산을 보호하던, 개인에게 완전한 안전까지는 아니더라도 어떤 안전을 보장하던 모든 집단을 끝장냈어요. 자본주의는 그 자리에 '계급들'을, 본질적으로 착취자와 피착취자라는 두 개의 계급을 투입했어요. 이제 노동계급은, 그게 하나의 계급이자 집단이기 때문에, 여전히 개인에게 어느 정도의 보호를 제공하다가, 나중에는 조직화하는 방법을 배우더니 계급 자체를 위해 상당히 많은 권리를 확보하려고 투쟁했어요. 오늘날 주요하게 대비되는 나라들은 사회주의국가 대 자본주의국가가 아니라, 이런 권리를 보호하는 나라들, 예컨대 스웨덴과 미국 대 그렇지 않은 나라들, 예컨대 프랑코 치하의 스페인과 소련이죠.

그렇다면 순수한 형태를 취한 사회주의나 공산주의는 무슨 일을 했을까요? 그런 체제도 이 계급을, 제도를, 노조와 노동자의 정당들을, 그리고 노동자의 권리—집단 협상, 파업, 실업보험, 사회보장제도—를 파괴했어요. 그러더니 이 정권들은 그 자리에 '공장들은 이제 막 폐지된 계급인 노동계급의 재산이다'라는 환상을 제공했고, 실업은 더 이상 존재하지 않는다는 새빨간 거짓말을, 사실상 존재하지 않는 실업보험에 기초한 거짓말을 해댔어요. 본질적으로 사회주의는 자본주의가 시작한 것을 그냥 지속해서 그 극단까지 몰고 갔어요. 그렇다면 어째서 그 체제가 자본주의의 해결책이어야 하나요?

라이프   마르크스주의 지식인들은 사회주의가 소외alienation 문제가 있기는 하지만 늘 고유한 강점을 통해 개혁regeneration될 수 있다고 종종 강조합니다. 이런 개혁의 이상적인 사례로는 민주사회주의democratic socialism인 체코슬로바키아1993년에 체코와 슬로바키아로 분리됐다 모델이 있습니다.

소련과 소련의 헤게모니 아래 있는 다른 지역에서 군수 무기들이 증가하는 것을 보며 당신은 동구에서 체코슬로바키아나 유고슬라비아 모델의 취지를 지향하는 계획들의 성공 가능성, 민주사회주의를 위한 새로운 계획들의 성공 가능성이 어느 정도라고 판단하나요?

아렌트   당신이 방금 한 말의 첫 문장은 정말 충격적이에요. 스탈린의 통치를 '소외'라고 부르는 것은 내 눈에는 진실을 감추려는 왜곡된 표현으로 보일 뿐 아니라 머리카락이 곤두서는 범죄기도 해요. 이런 얘기를 하는 건 '소외'라는 용어가 이미 진실을 크게 왜곡했다는 데 관심을 보이라고 호소하기 위해서예요. 무엇인가를 '소외'라고 부르는 건 범죄나 다름없어요.

경제 시스템과 '모델들'만 고려하는 한, 열강들이 소국들을 평화롭게 방치한다면 이윽고 온갖 실험이 이곳저곳에서 모습을 드러낼 거예요. 그게 무엇이 될지 우리로서는 당연히 알지 못하죠. 그 분야는 경제학만큼이나 실제 운용 성과에 대단히 크게 의존하니까요. 하지만 무엇보다도 먼저 소유권 문제에 대한 실험이 있을 거예요. 내가 가진 빈약한 정보를 바탕으로 말하자면, 나는 이게 이미 동독과 유고슬라비아에서 실행되어 흥미로운 결과들을 낳고 있다고 말하겠어요.

동독에서는, 사회주의로부터 도출된 게 결코 아니라 덴마크와 이스라엘에서 가치가 입증된 일종의 협동 시스템이 '사회주의적' 경제 시스템에 구축돼 들어갔고 시스템을 굴러가게 만들었어요. 유고슬라비아의 공장에는 '자주 관리self-management 시스템'이 있어요. 이건—레닌이 "모든 권력을 소비에트로"라고 했음에도—정통 사회주의나 공산주의 독트린의 일부가 전혀 되지 못한 유서 깊은 '노동자평의회worker's council'의 새 버전이에요.(혁명이 낳은 유일하게 진정한 결과물이자, 혁명 정당과 이데올로기와 구별되는 이 평의회는 바로 공산당과 레닌 자신에 의해 무자비하게 파괴됐어요.)

이 실험들 중 어느 것도 합법적 재산을 만족스러운 방식으로 재정의하지 않아요. 하지만 그 실험들은 그 방향으로 걸음을 떼었어요. 동독의 협동조합들은 사유재산을 생산과 분배 수단으로서의 공유재산joint property에 대한 욕구와 결합하는 방향으로, 노동자평의회는 사유재산을 보장하는 대신에 고용을 보장하는 방향으로 걸음을 떼었죠. 두 사례 모두에서 개별 노동자들은 더 이상 원자화돼 있지 않고, 새로운 집단과 계급에 소속된 데 대한 일종의 보상으로서 협동조합이나 공장평의회에 속해요.

당신은 실험과 개혁에 대해서도 물었죠. 그건 경제 시스템하고는 아무 관계도 없어요. 경제 시스템이 사람들에게서 자유를 앗아 가는 데 사용돼서는 안 된다는 사실을 제외하면요. 집권자에게 반대하는 세력이 '취업할 수 없게' 될 때, 또는 소비재가 희소하고 생활이 너무 불편한 탓에 정부가 전체 인구의 개별 집단 전부를 '매수'하기가 쉬울 때 그런 일이 행해져

남편 하인리히 블뤼허와 함께, 1950

요. 동구 사람들이 관심을 갖는 것은 자유와 민권, 법적인 보장이에요. 이것들은 자신이 하고 싶은 말을 하고 쓰고 싶은 글을 쓰고 인쇄할 자유를 갖기 위한 조건들이니까요. 소련이 체코슬로바키아로 행군해 들어간 것은 새로운 '경제모델' 때문이 아니라 그와 관련된 **정치적** 개혁 때문이었어요. 소련은 동독에는 행군해 들어가지 않았어요. 오늘날 그곳 사람들은 다른 위성국가들처럼 소련보다 잘살고, 아마도 조만간 서독만큼 잘살다가 결과적으로는 서독보다 더 잘살 텐데도 말이에요. 그렇다면 한 나라의 사람들은 제한된 상태에서나마 하고 싶은 일을 할 수 있지만 다른 나라에서는 그러지 못한다는 게 '유일한' 차이점이 되겠죠. 장담해요. 그게 모든 사람에게 어마어마한 차이점이 될 거라는 것을요.

소련에는 이런 경제적 실험들이 자유를 위한 투쟁과 결합하는 곳이면 어디건 개입해야 할 이해관계가 있어요. 체코슬로바키아의 경우가 이랬다는 데에는 의심의 여지가 없어요. 동독의 경우는 그렇지 않아요. 그래서 독일민주공화국German Democratic Republic. 동독의 공식 국명은 평화롭게 남아 있어요. 울브리히트Walter Ulbricht, 1893~1973. 1950년부터 1971년까지 동독의 사회주의당 제1비서이자 사실상의 지도자—원주의 통치 아래 독일민주공화국은 경제적인 양보를 많이 하면 할수록 이데올로기적으로는 꾸준히 탄압적으로 변해왔어요.

소련은 위성국가 중 하나가 바르샤바조약동유럽 8개국이 북대서양조약기구(NATO)에 대항하려고 체결한 상호 우호와 협력에 관한 조약에서 벗어나고 있다는 두려움을 느낄 때에도 언제든 상황에 개입해야 해요. 분명하게 현존하는 이 두려움이 체코슬로바키아의 경우를 정당화하는지 여부는 나도 모르지만, 그럴 가능성이 있다고는 생각해요. 한편 나는 소련이 유고슬라비아에 군사적으로 개입할 거라고는 믿지 않아요. 그렇게 하면 상당한 군사적 반대에 직면하게 되겠죠. 오늘날의 정세는 이런 종류의 대립을 할 만한 여유를 제공하지 못해요. 열강이 된다는 게 모든 실권을 틀어쥐고 있다는 뜻은 아니니까요.

라이프   당신은 사회주의가 인류 사회의 미래에 실현될 가능성이 조금이라도 있는, 현존하는 지배적 개념이라고 보나요?

아렌트   이 문제는 자연스럽게 사회주의는 진정 무엇이냐 하는 의문을 불러내요. 마르크스조차 그가 사회주의라는 말로 구체적으로 묘사해야 옳은 게 무엇인지 몰랐어요.

라이프   말씀 좀 끊겠습니다. 제가 뜻하는 바는 앞서 말했듯 체코슬로바키아나 유고슬라비아 모델의 취지를 지향하는 사회주의입니다.

아렌트   그렇다면 당신이 말하는 것은 오늘날 '사회주의적 인본주의 socialistic humanism'라고 불리는 거군요. 이 새 슬로건이 뜻하는 것은 이른바 자본주의 시스템을 재도입하는 일 없이 사회주의가 야기한 비인간적인 행위들을 없애려는 시도에 불과해요. 소련뿐 아니라 소련의 진정한 신봉자들도 유고슬로비아가 개방적인 시장경제를 지향하는 경향이 분명 있다는 걸 대단히 쉽게 해석할 수 있고, 거의가 그렇게 해석할 테지만 말이에요.

대체적으로 나는 이런 실험을 하고 싶어 하는 모든 소국에, 그들이 자신을 사회주의라고 부르건 말건, 기회를 줘야 한다고 말하고 싶어요. 하지만 열강들에 대해서는 대단히 회의적이에요. 이런 대규모 사회들은 통치는 고사하고 더 이상 통제도 할 수 없어요. 체코슬로바키아와 유고슬라비아 모델은, 두 모델을 사례로 취한다면, 당연히 가망이 있어요. 나는 루마니아도, 그리고 혁명이 어떤 식으로건—인구의 50퍼센트가 강제 이주했던—스탈린 치하에서 끝장난 것처럼 참담하게 끝장나지는 않은 헝가리도 거기에 포함시킬 거예요. 이 모든 나라에서는 무슨 일인가 진행되고 있고, 그들의 개혁 노력을 뒤집기는, 즉 독재 정권이 가져올 최악의 결과들에서 탈출하고 그들이 처한 경제적 문제들을 독자적으로 현명하게 해결하려는 시도를 뒤집기는 무척 어려울 거예요.

우리가 고려해야 옳은 또 다른 요인이 있어요. 소련은, 그리고 정도의 차이는 다르지만 소련의 위성국가들은, 민족국가 nation-state가 아니라 다민족으로 구성된 나라들이에요. 각 나라에서 독재적인 권력은 대체로 지배적인 민족의 손에 들어 있고, 그에 반대하는 세력들이 민족해방운동으로 변질될 위험은 늘 상존해요. 이건 소련에서는 특히 맞는 말이죠. 소련에서 러시아인 독재자들은 항상—단순히 정권이 교체될 거라는 두려움이 아니라—러시아제국이 와해될 거라는 두려움

속에서 살았어요.

이런 우려는 사회주의하고는 아무런 관계가 없어요. 그건 과거에도 항상 그래왔던 것처럼 순전히 권력정치power politics의 이슈죠. 나는 소련이 연방 내부의 반대를 염려하지 않는다면, 지식인들의 반대뿐 아니라 연방에 속한 민족들의 잠재적인 반대까지 염려하지 않는다면 체코슬로바키아에 행군해 들어갔던 것처럼 연방에 속한 나라들로 행군해 들어갈 거라고는 생각하지 않아요. 체코 정부가 분명 러시아인들의 영향력 아래서 최근에야 취소된 상당한 정도의 양보를 '프라하의 봄' 동안 슬로바키아인들에게 허용했었다는 것을 잊어서는 안 돼요. 권력을 분권화하려는 이 모든 시도는 모스크바의 두려움을 자극해요. 새 모델은, 러시아 입장에서는, 경제적이거나 지적인 문제들을 인도적으로 처리하는 수준에 머물지 않고 러시아제국을 해체하려 든다는 위협을 뜻하기도 해요.

라이프   소련 지도자들이 느끼는 두려움이, 특히 지식인 반대 세력에 대한 두려움이 특별한 역할을 수행한다고 생각합니다. 결국 소련에 대한 반대는 오늘날 그 세력이 더 넓은 영역으로 확장되게끔 만들고 있습니다. 심지어 젊은 지식인 일부는 민권운동까지 벌이고 있는데, 그들은 법적으로 허용된 운동뿐 아니라 지하신문 등의 불법적인 수단까지 동원합니다.

아렌트   맞아요, 나도 그걸 잘 알아요. 소련 지도자들도 당연히 그걸 무척 두려워해요. 그들은 이 운동의 성공이 지식인들하고는 구별되는 일반 국민들에게 퍼질까 봐 두려워하는데, 그건 우크라이나인들이 어쨌거나 너무도 끔찍한 대접을 받았던 타타르족아시아와 유럽에 거주하는 민족으로 18세기와 19세기에 러시아제국에 정복당했다과 비슷하게 자기들만의 나라를 갖고 싶다는 욕망을 다시 한 번 드러낼 거라는 뜻일 수도 있어요. 따라서 소련의 통치자들은 위성국가의 통치자들보다 더 요동치는 기반에 서 있죠. 당신도 유고슬라비아의 티토Josip Broz Tito, 1892~1980. 1943년부터 1980년 사망하기까지 유고슬라비아를 이끈 지도자가 이른바 자본주의는 전혀 두려워하지 않지만 민족문제는 두려워한다는 걸 알잖아요.

"'부르주아' 정부의 법으로 보장되는 자유도 자유고 '공산주의' 국가의 법으로 보장되는 자유도 자유예요"

라이프　　동구에서 일어난 개혁 운동—나는 많이 언급되는 체코슬로바키아 모델뿐 아니라 소련의 민주화를 지지하는 소련 지식인들이 내놓은 다양한 출판물과 유사한 저항 사례들도 염두에 두고 있습니다—이 그들이 비판하는 시스템의 대안으로서 특정 형태의 자본주의를, 그러니까 수정된 형태의 자본주의일지라도 결코 내세우지 않는다는 사실을 당신은 어떻게 설명하나요?

아렌트　　글쎄요, 나는 그 사람들이 분명히 나하고 같은 생각을 하고 있다고, 사회주의는 자본주의의 해결책이 결코 아니라는 생각을, 자본주의는 사회주의를 위한 해결책이나 대안이 될 수 없다는 생각을 하고 있다고 말할 수 있어요. 하지만 그 얘기를 계속 되풀이하지는 않을래요. 체제 경쟁은 단순히 경제 시스템만 놓고 벌이는 경쟁이 결코 아니에요. 경제 시스템은 독재가 가하는 제약이 없었다면 생산적으로 진행됐을 경제성장을 독재 정권이 저해하는 한에서만 관련이 있어요. 나머지 것들은 정치적 문제와 관련이 있어요. 사람들이 갖고 싶어 하는 국가는 어떤 종류의 것이고 헌법은 어떤 종류의 것이며 입법부는 어떤 종류의 것이고 표현과 출판의 자유를 위한 안전장치는 어떤 종류의 것이냐와 관련이 있어야 해요. 즉, 서구에 사는 우리의 순진무구한 아이들이 '부르주아적 자유bourgeois freedom'라고 부르는 것과 관련이 있어야 하죠.

그런데 세상에 그런 건 없어요. '부르주아' 정부의 법으로 보장되는 자유도 자유고 '공산주의' 국가의 법으로 보장되는 자유도 자유예요. 오늘날 공산주의 정부들이 민권을 존중하지 않고 표현과 결사의 자유를 보장하지 않는 것은 사실이지만, 그렇다고 해서 그런 권리와 자유가 '부르주아적'이라는 결론이 자연스레 도출되는 것은 아니에요. '부르주아적 자유'를 어떤 사람이 실제로 필요한 것보다 더 많은 돈을 벌 자유하고 동일시하는 경우가 꽤나 빈번해요. 사실 이것은 누군가 극도로 부유해질 수 있는 곳인 동구에서도 유일하게 존중하는 '자유'니까요. 소득의 관점에서—전문적인 용어가 아니라 알아듣기 쉬운 용어로 얘기한다면—부자와 가난뱅이의 차이는 다른 어떤 나라들보다 동구에서 더 커요. 미국에 있는 2000명

정도의 백만장자들을 무시한다면 미국에서보다 더 크고요. 하지만 그것 역시 중요한 점이 아니에요. 다시 말할게요. 중요한 점은 간단히 말해 내가 하고픈 말을 하고 출판할 수 있느냐 없느냐 여부예요. 이웃들이 나를 감시하느냐 하지 않느냐 여부예요. 자유라는 용어는 항상 '반대할 자유'를 의미해요. 스탈린과 히틀러 이전의 어떤 통치자도 "예" 하고 말할 자유에 이의를 제기하지 않았어요. 히틀러는 유대인과 집시를 그의 의견에 동의할 권리로부터 차단했고, 스탈린은 누가 됐건 "예" 하고 말하는 사람은 "아니요" 하고 말할 수도 있다고 판단했기 때문에 자기를 열렬히 추종하는 지지자들의 머리조차 자른 유일한 독재자예요. 그들 이전에는 어떤 폭군도 그 지경까지 나아가지는 않았고, 그렇게 성공하지도 못했어요. 이 시스템들 중 어느 것도, 심지어 소련의 시스템도—내가 중국을 판단할 위치에 있지 않다는 사실은 인정해야겠네요—여전히 진정한 전체주의 시스템은 아니에요. 현재 그쪽 체제에서 배제당한 유일한 사람들은 체제와 뜻을 달리하면서 반대하는 사람들뿐이에요. 그런데 이게 어떤 식으로건 그곳에 자유가 있다는 걸 의미하지는 않아요. 반대 세력들이—올바르게—관심을 갖는 것은 정치적 자유와 기본적 권리의 보장이거든요.

라이프   토마스 만의 "반反볼셰비즘은 우리 시대의 근본적인 어리석음"이라는 말에 대한 당신의 생각은 어떻습니까?

아렌트 우리 시대에는 어떤 것이 으뜸인지를 가리기 힘들 정도로 어리석은 일이 많아요. 진지하게 말하자면 하나의 이론으로서, 하나의 주의ism로서 반볼셰비즘은 공산주의 전력이 있는 사람들의 발명품이에요. 내 말이 그저 예전에 볼셰비키였거나 공산주의자였던 사람들을 가리키는 건 아니에요. 그보다는, 미스터 스탈린을 **신봉했었고** 이후 개인적으로 그런 환상에서 깨어난 사람들을 가리키는 거예요. 즉, 진정한 혁명가였거나 정치적 활동에 관여했던 사람들이 아니라, 그들 스스로 말하듯 신神을 상실하고 새로운 신을 찾아 나섰다가 반대편에 있는 새로운 악마한테 향했던 사람들을 말하는 거예요. 그들은 그저 패턴을 역으로 바꾸었을 뿐이죠.

이 사람들의 사고방식이 바뀌었다고 말하는 것은, 그들이 믿음을 찾아 나서는 대신 현실을 목도하고는 그것을 고려하며 상황을 바꾸려 시도했다고 말하는 것은 잘못된 말이에요. 반볼셰비키주의자들이 동구를 악마라고 단언하거나 볼셰비키주의자들이 미국은 악마라는 주장을 유지하느냐 여부는, 그들의 사고 습관이 이전처럼 계속되는 한 다를 게 전혀 없는 주장들이죠. 그들의 사고방식은 여전히 똑같아요. 세상을 흑백으로만 보죠. 그런데 현실은 전혀 그렇지 않잖아요. 어떤 사람이 그 시대가 띠는 정치적 스펙트럼을 두루 모른다면, 여러 나라 사이의 기초적인 상황과 다양한 발전 단계와 전통, 생산 유형과 단계, 기술, 사고방식 등을 구분하지 못한다면, 간단히 말해 그 사람은 이 분야에서 활동할 방법과 형세를 살필 방법을 모르는 거예요. 그 사람은 결국 자신의 눈앞에 단한 가지만, 온통 검은색만 보이게 만들려고 세상을 산산조각 내는 것 말고는 아무 일도 할 수 없어요.

라이프 당신은 『폭력론』 끝부분에서 이렇게 썼습니다. "권력의 쇠퇴는 하나같이 폭력을 동원할 명분을 준다는 사실을 우리는 마땅히 알아야 한다. 권력을 움켜쥐었지만 그게 자기 손아귀에서 빠져나가고 있다고 느끼는 사람들은…… 그걸 폭력으로 대체하려는 유혹에 저항하기란 어렵다는 것을 늘 알아왔기 때문이다." 미국의 현재 정세와 관련해서 이 중차대한 문장이 의미하는 바는 무엇인가요?

아렌트 열강들 입장에서 권력을 상실하는 것이 어떤 의미인지에 대해 앞에서 말했어요. 구체적으로 생각할 때 그건 무슨 뜻일까요? 대의정부representative government를 가진 모든 공화국에서 권력은 국민에게 있어요. 그건 국민이 특정 개인들에게 자신들을 대표해달라며, 자신들의 이름으로 활동해달라며 권한을 이양했다는 뜻이에요. 우리가 권력 상실에 대해 이야기할 때 그건 사람들이 그들을 대표하는 자들이 하는 일에 대한, 선거를 통해 권력을 이양받은 관리들이 하는 일에 대한 동의를 철회했다는 뜻이에요.

권력을 이양받은 사람들은 당연히 힘이 넘친다고 느껴요. 국민들이 그 권력의 토대를 철회했을 때조차 권력을 가졌다는 느낌은 여전히 남아 있어요. 그게 미국이 처한 상황이에요. 미국만 그런 건 아니지만요. 우연히도 이런 정세는 국민이 분열했다는 사실하고는 아무 관련이 없고, 그보다는 이른바 시스템에 대한 신뢰가 상실됐다는 사실로 설명할 수 있어요. 권력을 이양받은 사람들은 시스템을 유지하기 위해 통치자로서 행동하고 어쩔 도리 없이 완력에 의지하기 시작해요. 그들은 국민의 지지를 완력으로 대체해요. 그게 전환점이에요.

현재 미국이 어떤 상황에 처했느냐고요? 그 문제는 다양한 사례로 실증할 수 있지만 주로 베트남전을 예로 들어 설명하고 싶어요. 베트남전은 미국 국민을 실제로 분열시켰을 뿐 아니라 더 중요하게는 신뢰의 상실을, 그 결과 권력의 상실을 초래했어요. 구체적으로 말하면 베트남전은 '신뢰 결여 credibility gap. '정부나 정치인의 언행 불일치'를 뜻한다'를 낳았어요. 권력을 가진 사람들이—국민이 그들의 뜻에 동의하느냐 마느냐 여부하고는 사뭇 별개로—더 이상 신뢰받지 못한다는 뜻이에요. 나는 유럽에서 정치인들은 결코 신뢰의 대상이 아니라는 걸 알아요. 실제로 유럽의 국민들은 정치인이 하는 활동의 일부가 거짓말을 하는 것이어야 한다고 생각해요. 하지만 미국의 경우는 그렇지 않았어요.

당연한 말이지만, 현실정치라는 구체적인 토대에서는 엄격하게 보호할 필요가 있는 국가 기밀이 늘 있었어요. 진실이 밝혀지지 않은 경우도 잦지만, 뻔뻔한 거짓말이 들통 나지 않은 경우도 잦죠. 자, 당신도 알듯 대통령에게 선전포고 없이 전쟁을 벌일 재량을 부여한 통킹 만1964년에 북베트남 경비정과 미국 구축함이 전투를 벌인 곳으로 미국은 이 사건을 계기로 베트남전쟁 개입을 강화했다 결의안은 상황에 대한 정확하지 않은 보고를 바탕으로 의회

를 통과했어요. 이 사건 때문에 존슨Lyndon B. Johnson, 1908~1973
은 대통령직을 대가로 치렀어요. 더불어 상원이 신랄하게 반
대하는 상황은 그 사건 없이는 좀처럼 설명할 수 없어요. 그
시기 이후로 점점 더 규모를 넓혀가는 세력들 사이에서 베트
남전은 불법적인 전쟁으로—유달리 비인간적이고 부도덕한
전쟁일뿐더러 **불법적인** 전쟁으로—간주돼왔어요. 미국에서
그런 상황은 유럽에서하고는 무게감이 달라요.

라이프   그리고 미국 노동자들 사이에는 미국의 베트남 개입을 **찬성**하
는 대단히 강력한 여론이 있습니다. 그건 이런 맥락에서 어떻
게 설명해야 하나요?

아렌트   전쟁을 반대하는 최초의 추동력은 대학들에서, 특히 민권운
동에 개입했던 집단들과 동일한 집단 출신인 학생 단체에서
비롯했어요. 이 반대는 이른바 시스템에 반대하던 초기 운동
에서 비롯했죠. 오늘날 그 운동의 가장 충실한 지지자들은
의문의 여지 없이 저소득층 노동자들 사이에서 볼 수 있어
요.(이른바 자본주의자들은 월스트리트에서 정부에 반대하는 시위
를 벌였고, 건설 노동자들은 정부에 찬성하는 시위를 벌였어요.) 이
상황에서 결정적인 부분은 전쟁에 대한 의문보다는 인종 문
제에 의해 진행됐어요.
미국 동부와 북부 지역에서 흑인들이 고소득층으로 통합해
들어가는 과정은 그리 심각하거나 극복할 수 없는 난점들에
시달리지는 않은 것으로 밝혀졌어요. 오늘날 모든 곳에서 그

건 정말로 기정사실이에요. 흑인 세입자가 백인이나 황인(특히 미국 전역에서 무척 좋은 이웃으로 선호되는 중국인)과 동일한 상류층에 속할 경우, 임대료가 상대적으로 비싼 주거지역에서는 인종 통합이 잘 이뤄질 수 있어요. 성공한 흑인 비즈니스맨의 숫자가 대단히 적기 때문에 이건 학계나 자유주의적 전문직 종사자들—의사, 변호사, 교수, 배우, 작가 등—의 경우 정말로 잘 들어맞죠.

중산층의 중하 수준에서 이뤄진 동일한 인종 통합은, 특히 소득 면에서 하위 중산층의 상층부에 속한 노동자들 사이에서 이뤄진 통합은 참담한 결과로 이어졌는데 이건 하위 중산층에 속한 사람들이 특히 '반동적'일뿐더러, 이 계급들이 별다른 이유도 없이 흑인문제와 관련한 모든 개혁이 그들이 지불한 돈으로 수행되고 있다고 믿기 때문이죠. 이건 학교 사례로 가장 잘 설명할 수 있어요. 미국의 공립학교는 고등학교를 포함해서 무료예요. 좋은 학교일수록 가진 게 없는 집안 아이들이 대학에 진학할 확률이, 즉 사회적 지위를 향상시킬 확률이 커져요. 대도시에 있는 공립학교 시스템은 대단히 많은, 거의 전부가 흑인인 룸펜프롤레타리아트가 가하는 부담 때문에 극히 일부 예외만 제외하고는 다 실패했어요. 아이들이 읽고 쓰는 법조차 배우지 못한 채로 12년을 다니는 이 기관들은 학교라고 부를 수도 없어요. 인종 통합 정책의 결과로 도시의 어느 구획이 흑인지역화하면, 길거리는 초라해지고 학교들은 방치되며 아이들은 제멋대로 자랄 거예요—간단히 말해 그 지역은 매우 빨리 슬럼으로 전락할 거예요. 흑인들 자신을 제외한 주된 피해자는 이탈리아인, 아일랜드인, 폴란드인 그리고 가난하지는 않지만 다른 곳으로 이사를 가거나 자식들을 턱없이 비싼 사립학교에 보낼 형편이 안 되는 다른 민족 집단들이죠.

하지만 상류층에게 그 정도는 전적으로 가능한 일이에요. 상당한 정도의 희생을 대가로 지불하는 경우가 잦기는 하지만요. 사람들은 조만간 뉴욕에서는 엄청나게 가난하거나 엄청나게 부유한 사람들만 살 수 있을 거라고 말하는데 이건 정말로 맞는 말이에요. 능력이 되는 거의 모든 백인 주민은 자식을 대단히 훌륭한 사립학교나 가톨릭이 운영하는 학교에 보내요. 상류층에 속한 흑인들도 그럴 수 있고요. 노동계급은 그러지 못하고, 중산층의 하층도 그러지 못해요. 이 사람들을 특히 씁쓸하게 만드는 것은 중산층 자유주의자들이 그들 자신은 체감하지 못할 결과를 낳는 법률들을 통과시킨다는 거예요. 그들은 공립학교의 통합을, 지역학교neighborhood school 제거를(대체로 방치된 채로 남은 흑인 아이들은 버스를 타고 슬럼가에서 주로 백인 동네에 있는 학교들로 수송돼요), 지역들의 강제 통합을 요구해요. 그러면서 자기들 자식은 사립학교에 보내고, 소득수준이 웬만큼 돼야 주택을 구입할 수 있는 교외지역으로 이사하죠.

여기에 또 다른 요인이 첨가되는데 그 요인은 다른 나라들에서도 나타나요. 마르크스는 프롤레타리아는 나라가 없다고 말했어요. 하지만 프롤레타리아들이 이 관점을 절대 공유하지 않는다는 사실은 잘 알려졌어요. 사회적으로 하층계급은 민족주의와 쇼비니즘, 제국주의적 정책에 특히 민감해요. 민권운동이 '흑'과 '백'으로 심각하게 갈린 건 전쟁 문제에 따른 결과 때문이었어요. 괜찮은 중산층 가정 출신 백인 학생들은 즉시 반대 세력에 합류했고, 베트남전 반대 입장을 표명하는 데 매우 지지부진했던 지도자들이 이끈 흑인들은 그와 반대였죠. 마틴 루터 킹조차도 그랬어요. 여기서는 군軍이 사회의 하층계급에 교육과 직업훈련 기회를 제공한다는 사실도 물론 중요한 역할을 해요.

라이프　당신은 서독의 뉴레프트를 비난했습니다. 무엇보다도 그들이 "오데르-나이세 라인Oder-Neisse Line. 이 인터뷰 당시 오데르-나이세 라인은 동독과 폴란드의 국경선이었다. 이 라인은 1945년 미국과 영국, 소련이 참가한 포츠담협정으로 확립됐고, 그 결과 폴란드는 전쟁 전 독일의 일부였던 영토를 아우르게 됐다. 동독은 1950년에 이 라인을 승인했지만 서독 정치인들은 1970년까지 인정하길 거부했다―원주을 인정하는 문제를 심각하게 고려한 적이 전혀 없다. 결국 그 문제가 독일의 외교정책에서 중요한 이슈 중 하나이자 히틀러 정권의 패배 후 독일 민족주의의 상태를 가늠하는 시금석으로 자리매김해왔는데 말이다"라면서요. 당신의 논지가 이런 비타협적인 형태를 유지할 수 있을지 의심스럽습니다. 독일의 뉴레프트는 본서독의 옛 수도에 오데르-나이세 라인뿐 아니라 독일민주공화국도 승인하라고 촉구하고 있기 때문입니다. 하지만 뉴레프트는 일반 대중하고는 분리돼 있고 그런 이론적인 요구들에 실질적으로 정치적 실체를 부여할 만한 힘도 갖고 있지 않습니다. 그런데도 숫자상으로 극

소수인 뉴레프트가 오데르-나이세 라인을 인정하고자 '심각하게' 개입한다면 독일 민족주의는 결정적인 패배에 시달리게 될까요?

아렌트 현실적인 정치적 결과들만 고려한다면, 대對이란Persia 정책이 변화아렌트가 여기서 언급하는 것은 이란의 샤 모하메드 레자 팔레비(Shah Mohammad Riza Pahlavi, 1919~1980)의 독재 정책들이다. 샤가 1967년에 독일을 공식 방문했을 때 독일 학생들은 자기네 정부가 탄압적인 정권과 공모하고 있다면서 독일의 대이란 정책에 반대하는 시위를 벌였다―원주할 가능성은 분명 낮았어요. 뉴레프트의 곤란한 점은 자신들이 벌인 시위의 결과에 대해서는 그다지 신경 쓰지 않는 게 분명하다는 거예요. 이란의 샤와는 반대로, 오데르-나이세 라인은 모든 독일 시민에게 직접적인 책임이 있는 사안이에요. 그 라인을 승인하려고 시위를 하는 것과 그 이슈에 대한 입장을 공적으로 표명하는 것은 현실적인 정치적 결과하고는 무관하게 사리에 맞는 일이에요. 뉴레프트가―선량한 많은 자유주의자 독일인들이 했던 것처럼―폴란드와 맞닿은 새 국경선을 승인하는데 지지를 표명하더라도 증명되는 것은 아무것도 없어요. 요점은, 이 이슈가 그들 프로파간다의 중심을 차지한 적이 한 번도 없었다는 거예요. 이건 그들이 현실적이고 직접적인 책임과 관련된 문제들은 모조리 회피한다는 뜻이에요. 이건 그들의 이론뿐 아니라 그들의 실천에도 해당하는 말이에요.

엄청나게 현실적인 이슈를 이렇게 회피하는 양상은 두 가지로 설명할 수 있어요. 나는 지금까지 독일 민족주의만 언급

제2차 세계대전이 종전하면서 새로 설정된 독일과 폴란드의 국경선 오데르-나이세 라인. 동독과 달리 서독은 1970년까지 이 선을 인정하지 않아 소련 등 동구권과 마찰을 빚었다

해왔는데 뉴레프트도 그와 반대되는 모든 수사법을 동원해 동일하게 의심할 수 있어요. 둘째로, 이 운동의 독일 버전이 지독히도 과장된 이론적 난센스에 탐닉하는 바람에 바로 코앞에 있는 것도 볼 수 없는 거라고 설명할 수 있겠죠. 이건 긴급조치Notstandsgesetze. 이 법률들은 1968년 5월에 서독에서 통과됐다. 이 법률들은 정부가 비상시에 일부 헌법적 권리를 축소하는 것을 허용했다—원주 시기에도 문제였던 것 같아요. 의회에서 뭔가 대단히 중요한 일이, 독일 입장에서 볼 때 동양의 철권통치자의 방문보다 분명 훨씬 더 중요한 일이 벌어지고 있다는 걸 인식하는 데 학생운동이 얼마나 늦었는지 떠올려보세요.

미국 학생들은 베트남전 반대 시위를 할 때 조국과 그들 자신에게 직접적인 이해관계가 있는 정책에 반대해요. 독일 학생들은 같은 일을 해도 이란의 샤에게 반대하는 것과 비슷하고요. 그 시위에는 참가자들 개인에게 책임을 물을 가능성이 눈곱만치도 존재하지 않아요. 국제 정세에 대해 책임감도 없고 위험 요소도 없는 열정적이기만 한 관심이 현실적 국익을 은폐하는 망토 구실을 하는 경우가 잦았죠. 정치에서 이상주의는 불쾌한 현실을 인정하지 않으려고 동원하는 핑곗거리에 불과한 경우가 빈번해요. 이상주의는 현실을 완전히 회피하려고 내세우는 형식일 수도 있어요. 그리고 이건 내 생각에는 여기 이 사례에서도 맞는 말일 가능성이 대단히 커요. 뉴레프트는 이 이슈를 그냥 간과했고, 그건 그들이 전후 독일에서 여전히 논란의 대상으로 열려 있는 도덕적 문제 하나를 간과했다는 걸 뜻해요. 더불어 뉴레프트는 독일이 제2차 세계대전 종전 이후로 중요한 역할을 했을지 모를 몇 안 되는 결정적인 정치 이슈도 하나 간과했어요. 오데르-나이세 라인을 때맞춰 승인하지 못한 독일 정부의 실패는, 특히 아데나워

Konrad Adenauer, 1876~1967. 1949년부터 1963년까지 재임한 서독 수상—원주

집권기의 실패는 소련의 위성국가 시스템의 통합에 대단한 기여를 해왔어요. 위성국가들 입장에서는, 독일에 대한 공포가 동유럽 모든 개혁 운동의 속도를 늦춰왔을뿐더러 부분적으로는 개혁을 불가능하게 만들었다는 것이 모든 사람 눈에 매우 명확하게 보여야 마땅해요. 뉴레프트와 올드레프트 모두가 전후 독일에서 가장 민감한 이 지점을 감히 건드리지 못했다는 사실은 이런 공포를 상당한 정도로 강화만 해왔을 뿐이에요.

라이프   당신의 저작 『폭력론』으로 돌아가죠. 책에(즉, 그 책의 독일어 버전에) 당신은 이렇게 썼습니다. "민족의 독립, 외세 통치로부터의 해방, 국가의 자주독립, 국제 정세 속에서 제약받지 않는 힘을 무제한 주장하는 일이 눈에 띄는 한—그리고 그 어떤 혁명도 이런 국가 개념을 흔들 수 없는 한—'인류의 미래'보다는 '인류에게 미래가 있느냐 없느냐' 하는 데 매달리는 전쟁 문제의 이론적 해법은 상상 가능하지 않을뿐더러, 지구 상의 평화 보장은 동그라미를 네모나게 만드는 것만큼이나 유토피아적이다." 당신이 염두에 두고 있는 국가의 다른 개념은 무엇인가요?

내가 염두에 두는 것은 상이한 국가 개념이라기보다 이 개념을 변화시킬 필요성이에요. 우리가 '국가'라고 부르는 것은 기껏해야 15, 16세기에 생긴 개념이에요. 자주독립이라는 개념도 마찬가지고요. 자주독립이란 무엇보다도, 국제적인 성격의 갈등이 최종적으로는 전쟁으로만 해결될 수 있다는 걸 뜻해요. 전쟁 말고 다른 최후 방책은 없어요. 하지만 오늘날 강대국들끼리의 전쟁은—모든 평화주의적인 고려와는 사뭇 별개로—폭력의 수단이 무시무시하게 발전한 덕에 불가능한 일이 돼버렸어요. 따라서 이런 의문이 제기되죠. '이 최후 방책의 자리를 무엇이 대신하는가?'

전쟁은 소국들만 치를 수 있는 사치품이 됐고, 그런 그들도 강대국들의 영향권에 끌려들어가지 않고 자체적으로 핵무기를 보유하지 않았을 때만 전쟁을 할 수 있어요. 강대국들은 이런 전쟁에 개입해요. 부분적으로는 그들이 의존국client을 방어해야 할 의무가 있기 때문이고, 부분적으로는 그것이 오늘날 세계 평화가 의지하는 상호 억제mutual deterrence 전략의 중요한 일부가 돼버렸기 때문이에요.

독립국들 사이에는 전쟁 말고 최후 방책이 있을 수 없어요. 전쟁이 더 이상 그 목적에 봉사하지 못한다면, 그렇다는 사실만으로도 우리가 새로운 국가 개념을 가져야만 한다는 것을 입증하죠. 이 새 국가 개념은 확실히, 헤이그에 있는 국제사법재판소보다 더 잘 작동할 새 국제사법재판소를 창설하거나 새로운 국제연맹League of Nations. UN의 전신을 창설하는 데서 비롯하지는 않을 거예요. 자주적인, 혹은 겉으로만 자주적인 정부들 사이의 동일한 갈등이 거기서도 다시금 발생하게 될 테니까요—담론 수준에서 그럴 텐데, 담론은 일반적으로 생각하는 것보다 더 중요해요.

내가 보는 새로운 국가 개념의 기초 원리는 연방 시스템에서 찾아볼 수 있어요. 연방 시스템의 이점은 권력이 이동하는 방향이 상향도 하향도 아니라 수평이라는 거예요. 그래서 연방에 참여한 기구들은 각자의 권력을 상호 억제하고 통제해요. 이런 사안들을 사유할 때의 진정한 난점은 최종 방안이 초국가적super-national 시스템이 아니라 **국가 간**inter-national 시스템이어야 한다는 거예요. 초국가적 정권은 비효율적이거나, 어떤 식으로건 가장 강력한 힘을 가진 나라에 의해 독점될 거고, 그러면서—최종적으로 와해될 때까지는—글로벌한 경찰력을 피해서 도망칠 곳이 없는, 상상할 수 있는 가장 무서운 전제 정권으로 변하기 쉬운 세계정부로 이어질 거예요.

적어도 이론적으로는 최상위 통제 기관으로서의 국가 간 정권을 설립하는 데 도움을 줄 수 있는 모델을 어디서 찾을까요? 이건 패러독스처럼 들려요. '최상위'라는 것은 국가들 사이에서는 제대로 존재할 수 없으니까요. 그럼에도 그건 진정한 고민거리예요. 한 형태의 정부를 전복하고 다른 형태의 정부로 그걸 대체하는 혁명들 중 어느 것도 국가 개념과 자주독립성을 흔들 수 없었다고 말할 때 내가 염두에 두는 것은, 내 책 『혁명론』에서 상세히 다루려고 애썼던 대상이에요. 18세기의 혁명들 이후로 모든 대규모 정치적 격변들은 사실상 완전히 새로운 정부 형태의 기초 원리들을 발전시켰고, 이 원리들은 그보다 앞선 시대의 혁명 이론들하고는 무관하게 등장했어요. 혁명 자체가 진행되던 도중에 직접 도출된 거예요. 즉, 정치적 행위를 하는 경험에서, 공공 정세의 발전에 참여하려는 행위자들의 의지에서 도출된 거예요.

이 새 정부 형태란 알다시피 모든 시대와 장소에서 소멸된, 민족국가의 관료제나 정당의 지배 세력이 직접 파괴한 평의회council 시스템이에요. 이 시스템이 순수한 유토피아인지 아닌지 나는 말할 수 없어요—어쨌든 그건 국민들의 유토피아지 이론가와 이데올로기의 유토피아는 아닐 거예요. 하지만 내 눈에 그건 역사상 등장했던, 줄곧 되풀이해서 등장했던 유일한 대안으로 보여요. 평의회 시스템의 자발적인 조직은 모든 혁명에서, 그러니까 프랑스혁명에서, 제퍼슨Thomas Jefferson, 1743~1826에 의해 미국독립혁명에서, 파리코뮌에서, 러시아혁명에서, 제1차 세계대전 말에 독일과 오스트리아에서 일어난 혁명들에 뒤이어서, 마지막으로는 헝가리혁명에서 생겨났어요. 게다가 그것들은 의식적인 혁명 전통이나 이론에 따른 결과물로 탄생한 적이 결코 없어요. 전적으로 자연발생적으로 생겨났죠. 매번 예전에는 그런 종류의 시스템이 결코 존재한 적이 없었다는 식으로요. 따라서 평의회 시스템은 정치적 행위라는 바로 그 경험과 관련이 있고, 그 경험에서 생겨난 것처럼 보여요.

내 생각에는 이 방향에 무엇인가 있는 게, 아래로부터 시작해서 계속 위로 향하다 최종적으로는 의회parliament로 이어지는 완전히 상이한 조직의 원리가 있는 게 분명해요. 하지만 그에 관한 얘기는 이 자리에서는 할 수 없어요. 게다가 그런 얘기는 필요하지도 않아요. 이 주제에 관한 중요한 연구들이 최근 몇 년 사이 프랑스와 독일에서 출판됐고, 그래서 이 문제에 진지한 관심을 가진 사람은 스스로 정보를 찾아볼 수 있으니까요.

오늘날 쉽게 생길지도 모를 오해를 막기 위해, 히피와 기성 체제 거부자들이 이룬 코뮌들은 이 시스템하고 아무 관련도 없다는 말을 반드시 해야겠네요. 그들의 밑바탕에는 그와는 반대로 공적인 삶을, 전반적으로 정치적인 삶을 완전히 포기하는 태도가 놓여 있어요. 그런 공동체는 정치적 조난 사고에 시달려온 사람들을 위한 도피처고, 그들은 개인적인 기반 위에서 철저히 옹호되고 있어요. 나는—독일뿐 아니라 미국에서도—이런 코뮌 형태를 대단히 그로테스크하다고 생각하지만, 그들을 이해할 뿐 아니라 그들에 대한 반감도 전혀 없어요. 그들은 정치적인 면에서는 무의미한 존재예요. 평의회는 정반대의 것을 욕망해요. 그들이—지역 평의회, 전문직 평의회, 공장 내 평의회, 아파트 단지 평의회 등—대단히 작은 규모로 시작하더라도 말이에요. 정말이지 결코 노동자평의회에만 국한되지 않는 무척이나 다양한 종류의 평의회가 있어요. 노동자평의회는 이 분야에서는 특별한 사례일 뿐이에요.

평의회들은 말해요. "우리는 참여하고 싶고, 논쟁하고 싶고, 대중이 우리 목소리를 듣게끔 만들고 싶고, 우리 나라의 정치 과정을 결정할 여력을 거머쥐길 원한다." 국가의 규모는 우리가 한데 모여 우리 운명을 결정하기에는 지나치게 크기 때문에, 우리는 나라 안에 많은 공공 영역이 필요해요. 우리가 투표용지를 맡기는 투표 부스는 의심할 여지 없이 지나치게 작아요. 이 부스는 딱 한 사람을 위한 공간이니까요. 정당party은 철저히 부적합해요. 거기서 우리 대다수는 누군가의 조종을 받는 유권자나 다름없어요. 그런데 우리 중 열 명만 테이블에 둘러앉는다면, 각자가 의견을 표명하고 남들 의견을 듣는다면 합리적인 여론을 형성할 수 있어요. 그 자리에서는, 바로 상위 단계에 있는 평의회 앞에서 우리 관점을 대표하기에 가장 적합한 사람이 우리 중 누구인지가 명확해질 것이고, 상위 단계 평의회에서 우리의 관점은 다른 관점들의 영향을 거치면서 명확해지거나 수정되거나 잘못된 것으로 판명될 거예요.

한 나라의 모든 주민이 반드시 그런 평의회의 멤버가 될 필요는 없어요. 모든 사람이 공적인 사안에 관심을 기울이고 싶어 하지도 않고, 그래야만 하는 것도 아니에요. 한 나라의 진정한 정치 엘리트들을 한데로 끌어모으는 자기 선출 과정self-selective process이 이런 방식으로 가능해져요. 공적인 일에 관심이 없는 사람은 나서서 개입하는 일 없이 그런 사람들이 선출됐다는 사실에 만족해야 할 거예요. 하지만 기회만큼은 각자에게 공평하게 주어져야 해요.

나는 새로운 국가 개념을 형성할 가능성을 이 방향에서 봐요. 자주독립의 원칙이 전혀 들어맞지 않을 이런 종류의 평의회 국가council-state는, 매우 다양한 종류의 연방에 더없이 적합할 거예요. 특히 그런 국가에서는 권력이 수직이 아니라 수평적으로 구성될 테니까요. 하지만 그런 국가가 실현될 가망이 있느냐고 지금 나한테 묻는다면 이렇게 말해야겠네요. 있기야 하겠지만 매우 희소하다고요. 하지만 결국에는 다음 혁명의 결과로 생겨날지 모르죠.

말년의 한나 아렌트, 1975

마지막 인터뷰

1973년 10월, 로제 에레라가 프랑스국영라디오텔레비전방송국을 위해 한나 아렌트를 인터뷰했다. 며칠에 걸쳐 녹화된 이 인터뷰는 이후 〈주목할 만한 시선〉 시리즈를 위해 장클로드 뤼브샹스키Jean-Claude Lubtchansky가 연출한 50분짜리 TV 프로그램으로 편집돼 1974년 7월 6일에 처음 방송됐다.

프로그램을 위해, 아렌트가 한 대답들은 아렌트의 원래 목소리를 바탕에 깐 채 프랑스어로 번역 더빙했다. 아렌트 전공자인 우르술라 루츠Ursula Ludz는 이 사운드트랙과 다양한 녹취록 그리고 번역본을 활용해서 아렌트의 원래 대답들을 복원했고, 인터뷰를 텔레비전으로 방송된 내용에 따라 권위 있는 원고로 재구성했다. 본문에 등장하는 별표(*)들은 프로그램상에서 편집cut이 행해진 곳과 상이한 인터뷰 세션들이 하나로 묶인 곳을 가리킨다.

이 인터뷰는 1973년 10월 프랑스국영라디오텔레비전방송국(ORTF, Office de radio-diffusion-télévision française)의 프로그램 〈주목할 만한 시선Un Certain Regard〉에서 나눈 대화다. 인터뷰어 로제 에레라(Roger Errera, 1933~2014)는 프랑스 행정법을 다루는 대법원 격인 참사원(Conseil d'État)과 유엔인권위원회의 전직 회원이자 런던대학의 명예회원으로 미디어법, 사법기관, 이민법과 난민법 등 유럽의 법률에 관한 다수의 책을 남겼다.

로제 에레라가 프랑스어로 던진 질문들은 이 책을 위해 영어로 번역됐다. 아렌트는 대답을 할 때 가끔씩 독일어와 프랑스어, 영어를 섞어서 구사했다. 그녀가 프랑스어로 한 대답은 그대로 남겨뒀고, 필요한 경우에는 괄호 안에 영어 번역을 넣었다. 이것은 영어판 편집자의 말이다. 한국어판에서는 프랑스어를 살린 부분에 괄호로 우리말 번역을 넣었다. 이 책에 포함된 다른 인터뷰들은 원전의 최초 출판 이전에 편집되었고 아렌트의 일반적 관행은 그녀가 영어로 쓴 글은 무엇이건 실수를 바로잡기 위해 친구나 편집자와 함께 검토하는 것이었지만, 이 인터뷰는 일부 문법적 오류와 중복된 말을 제거하는 등 가벼운 정도로만 편집했다. 아렌트의 독특한 영어 스타일과 대화하는 듯한 인터뷰 어조는 존중했다. 한국어판은 영어판을 가감 없이 옮겼다.

한나 아렌트를 만나며
로제 에레라

다음은 내가 녹화한 한나 아렌트 인터뷰 텍스트다. 인터뷰는 1973년 10월에 뉴욕에서 이뤄졌다. 아렌트의 연구에 대한 내 관심은 1965년에 시작됐다. 나는 『예루살렘의 아이히만』과 『혁명론』 『전체주의의 기원』 프랑스어 번역본들의 서평을 썼고, 1972년과 1973년에는 칼망-레비Calmann-Lévy 출판사에서 '디아스포라' 시리즈의 일부로 『반유대주의Antisemitism』와 『공화국의 위기』의 프랑스어 번역본을 출판했었다. 아렌트도 여러 번 직접 만났다. 처음에는 1967년 겨울 뉴욕에 있는 그녀의 아파트에서였고 이후에는 1972년에 쾰른에서, 그녀가 테그나에 머물 때는 스위스 아스코나테그나와 아스코나 모두 스위스 남부 소도시 인근에서 만났다.

　프로그램을 만들자는 계획은 당시 ORTF의 조사 서비스 부문 책임자이자 좋은 친구였던 고故 피에르 셰페르Pierre Schaeffer, 1910~1995가 내놓았다. 그는 나한테 관심 있느냐고 물었고 내 대답은 "그렇다"였다. 아렌트의 대답은 처음에는 딱 잘라 "아니요"였지만. 그녀는 나중에 수락했다. 의심할 여지 없이 우리가 앞서 만난 적이 있다는 사실이 도움이 됐다.

　우리는 1973년 10월에 뉴욕으로 갔다. 나는 그리스에서 그녀의 책들을 다시 읽고 인터뷰를 준비하면서 여름을 보냈다. 나는 그녀에게 인터뷰 주제들을 담은 짧은 리스트를 보냈고 그녀는 그걸 받아들였다. 우리는 인터뷰 절차에 합의했다. 장소를 임대하거나 TV 스튜디오 또는 그녀의 출판사(하코트 브레이스 조바노비치) 사무실에서 5, 6일에 걸쳐 날마다 두 시간씩. 그녀는 자택에서 녹화하자는 제안은 강하게 반대했다.

　정세 면에서 그 시기는 그리 평온한 시기가 아니었다. 중동에서는 10월전쟁욤키푸르 전쟁으로도 불리는 제4차 중동전쟁이 발발한 참이었다. 미국에서는 워터게이트 사건이 시작됐다. 이 사건은 1974년에 닉슨 대통령이 탄핵 위협을 받은 끝에 사임하는 것으로 이어질 터였다. 내 기억이 맞다면 우리는 대담을 하던 중 당시 특별검사였던 아치볼드 콕스Archibald Cox, 1912~2004. 워터게이트 사건을 조사하던 미국 변호사 겸 법학 교수가 해임됐고 당시 법무장관이었던 엘리엇 리처드슨Elliot Richardson, 1920~1999이 사임했다는 소식을 들었다.

인터뷰에는 이런 사건들에 대한 반향 이상의 것이 담겨 있다. 인터뷰 동안 한나 아렌트는 극도로 정중한 태도로 집중했고, 때때로 (인용을 위해) 메모장을 참조할 때는 대단히 조심스러운 모습을 보였다. 내가 보기에 그녀는 필요할 때면 언제든 즉시 자신이 한 말을 바로잡으면서까지 말하고자 하는 바를 정확히 전달하려는 듯 보였다. 쓸데없는 잡담이나 한담 같은 건 없었다. 그녀는 품위를 잃는 일 없이, 그녀 입장에서는 친숙하지도 않고 속 편한 행사도 아닌 인터뷰라는 일을 받아들였다.

우리는 많은 주제를 논의했다. 유럽과 미국, 워싱턴에 임박한 헌정 위기, 60년대와 70년대 미국의 정치형태가 남긴 유산, 20세기 전체주의의 독특함, 이스라엘과 디아스포라, 유대인이 처한 상황. 이런 주제 하나씩만 놓고서도 우리는 몇 시간을, 심지어 며칠을 보낼 수도 있었다. 그녀의 생각을 속속들이 보고 듣는 것은 내 입장에서는 흔치 않은 특권이었다.

녹화 후 수개월간 나는 장클로드 뤼브샹스키와 함께 녹화 필름을 부분부분 이어붙이는 작업을 해서 50분짜리 프로그램을 만들어냈다. 그 필름은 1974년 봄에 방송됐다.

1년 후에 나는 한나 아렌트를 뉴욕에서 다시 만났고 1975년 가을에도 다시 만났는데, 그녀는 그 직후인 12월 4일에 세상을 떠났다. 그녀가 타계했다는 것을 알게 된 그날, 나는—우리의 중단된 대화에 붙이는 후기로서—이튿날 〈르몽드〉에 실을 그녀의 부고를 쓰느라 밤을 새웠다.

아렌트   괜찮다면 물 한 잔 마셨으면 좋겠네요.

에레라   당신은 1941년에 이 나라에 도착해서 32년간 이곳에서 살아 왔습니다. 당신이 유럽에서 이곳에 도착했을 때 받은 주된 인상은 무엇이었나요?

아렌트   Ma impression dominante(내가 받은 주된 인상은), 글쎄요, mon impression dominante(내가 받은 주된 인상은)…… 으음. 자, 이 나라는 민족국가nation-state가 아니에요. 미국은 민족국가가 아닌데, 유럽인들은 이 단순한 사실을 이해하는 데 굉장히 오랜 시간이 걸려요. 결국에는 그 사실을 이론적으로는 인식하게 되죠. 그러니까 이 나라를 통합하는 요소는 유산도 아니고 기억도, 국토도, 언어도, 동일한 혈통도 아니에요……. 이 나라에는 토박이가 없어요. 인디언들이 토박이였죠. 그 외의 사람들은 모두 시민이고, 이 시민들은 딱 한 가지 것으로 통합돼 있어요. 즉, 당신은 헌법에 동의한다는 의사를 표명하는 단순한 절차만 따르면 미합중국 시민이 돼요. 프랑스뿐 아니라 독일의 보편적인 여론에 따르자면 헌법은 그저 종이 쪼가리일 뿐이고 우리는 그걸 바꿀 수도 있어요. 그런데 이 나라에서 헌법은 성스러운 문서로, 건국이라는 성스러운 행위를 항구적으로 기억하게 해주는 기념품이에요. 헌법이라는 토대는 완전히 이질적인 소수민족들ethnic minorities과 지역들을 하나의 연방으로 묶어내고, 그러면서도 여전히 (a) 연합을 유지하면서 (b) 각각의 차이점을 완전히 흡수하거나 차이의 강도를 줄여 평준화해요. 외국인 입장에서 이 모든 상황을 이해하는 건 무척 어려운 일이에요. 외국인으로서는 절대로 이해하지 못할 일이죠. 미국 정부는 인간에 의한 정부가 아니라 법에 의한 정부라고 말할 수 있어요. 그 말이 진실인 한, 그리고 국가의 안녕을 위해 진실일 필요가 있는 한…… 국가의 안녕을 위해, 미합중국을 위해, 공화국을 위해 내가 할 수 있는 말은 정말이지…….

"우리가 이 나라에서
민주주의를 갖고 있다고 믿는다면
그건 엄청난 실수예요"

에레라   지난 10년간 미국은 대통령과 그 동생의 암살, 베트남전, 워터게이트 사건으로 특징지을 수 있는 일련의 정치적 폭력을 경험했습니다. 유럽에서는 정권 교체로 이어지거나 대단히 심각한 국내 불안으로까지 이어졌을 위기들이 미국에선 왜 극복되는 겁니까?

아렌트   그 문제를 약간 다르게 설명해볼게요. 나는 이 전체 국면의 전환점은 대통령이 암살당한 거였다고 생각해요. 당신이 그 사건을 어떻게 설명하건, 당신이 그 사건에 대해 무엇을 알건 모르건, 지금 와서 보면 그 사건은 미국의 대단히 긴 역사에서 정말 처음으로 정치 과정에 개입한 직접적인 범죄였다는 게 대단히 명확해요. 그 사건은 어떤 식으로건 정치 과정을 바꿔놨어요. 당신도 알듯 바비 케네디존 F. 케네디의 동생 로버트 F. 케네디의 애칭와 마틴 루터 킹을 비롯한 다른 암살들이 이어졌어요. 결국엔 같은 범주에 속하는 윌리스George Wallace, 1919~1998 공격이 있었고요.1972년 5월 15일에 있었던 앨라배마 주지사 조지 윌리스 암살 시도를 가리킨다. 당시 그는 민주당 예비 경선에서 선두권에 속했었다—원주.

*

아렌트   워터게이트는 이 나라가 여태껏 알던 중 가장 심각한 헌정 위기의 하나를 폭로했다고 생각해요. 내가 헌정 위기라고 하는 것은, 당연한 말이지만 une crise constitutionelle en France(프랑스 헌정 위기)를 말할 때보다 더 중요해요. 헌법의 경우…… 프랑스가 프랑스혁명 이후로 얼마나 많은 헌법을 가졌는지 모르겠어요. 내가 기억하는 한, 제1차 세계대전 무렵 프랑스인들은 열네 개의 헌법을 가졌었어요. 그렇다면 당시 프랑스인들은 얼마나 많이……. 그 문제는 따지고 싶지 않아요. 프랑스 국민이라면 누구나 그 문제를 나보다 더 잘 다룰 수 있을 테니까요. 어쨌든 이 나라에는 딱 한 가지 헌법만 있어요. 이 헌법은 지금까지 200년 남짓 지속돼왔어요. 이 나라의 헌법은 프랑스하고는 이야기가 달라요. 여기서 정말로 위태로운 지경에 있는 것은 정부의 총체적인 구조예요.
이 헌정 위기는—미국에서는 처음으로—입법부와 행정부의 정면충돌에서 생겨났어요. 이제는 헌법 자체가 어떻게든 잘못된 상태예요. 그 문제에 대해 잠시 말하고 싶어요. 건국의 아버지들Founding Fathers은 행정부에서 독재 정권이 생겨날 거라고는 추호도 믿지 않았어요. 그들은 행정부를 다른 시각에서 보지 않고, 입법부가 결정한 다양한 형태의 법령을 실행에 옮기는 주체로만 봤으니까요. 이 문제는 이 정도로 해두죠. 오늘날 우리는 독재 정권이라는 지극히 위험한 존재는 행정부에서 비롯한다는 것을 알아요. 그런데 건국의 아버지들은—우리가 헌법의 취지를 따른다면—그들은 무슨 생각을 했던 걸까요? 그들은 다수결 원칙을 걱정할 필요는 없다고 생각했어요. 따라서 우리가 이 나라에서 민주주의를 갖고 있다고 믿는다면 그건 엄청난 실수예요. 많은 미국인이 공유하는 실수죠. 이 나라에서 우리가 갖고 있는 것은 공화주의 원리고, 건국의 아버지들이 소수집단들의 권리를 보호하는 데 가장 큰 관심을 쏟았던 것은 건전한 정치체body politic에는 여러 견해가 있어야만 한다고 믿었기 때문이에요. 프랑스인들이 l'union sacrée(신성한 연맹)라고 부른 것은, 정확히 말하자면 우리가 가져서는 안 될 제도예요. 이건 이미 일종의 독재정치 아니면 독재정치의 결과물이니까요. 그리고 이 독재정권은 대단히…… 독재자는 다수majority가 될 가능성이 꽤 커요. 따라서 정부 전체는 심지어 다수가 승리한 이후에도 그런 식으로 이해돼요. 세상에는 늘 반대 세력이 있고, 반대 세력은 어느 한 소수집단 또는 여러 소수집단의 합당한 의견들을 대표하기 때문에 필요한 존재라는 식으로 말이에요.

국가 안보national security는 미국인의 사전에 등장한 신조어로, 당신은 그 단어를 잘 알아둬야 해요. 국가 안보는 실제로는,

내가 미리 해석을 해보니, raison d'état(레종데타. 국가이성)를 옮긴 말이에요. 그런데 레종데타, 국가이성理性이라는 이 관념 전체는 이 나라에서는 결코 아무런 역할도 수행하지 못했어요. 이 용어는 새로운 수입품이에요. 이제 국가 안보는 모든 것을 다뤄요. 얼리크먼 심문아렌트가 언급하고 있는 내용은 닉슨 대통령의 국내 문제 고문이었던 존 D. 얼리크먼(John D. Ehrlichman, 1925~1999)이 상원 워터게이트위원회에서 한 증언이다—원주에서 알 수 있듯 그건 모든 종류의 범죄를 다뤄요. 예를 들어 대통령은 완벽한 권리를 갖고 있어요……. 왕은 아무 잘못도 저지를 수 없어요. 즉, 그는 공화국의 군주와 비슷해요. 그는 법 위에 존재하고, 그가 항상 내놓는 해명은, 그가 하는 일이 무엇이건 그는 국가 안보를 위해 그 일을 했다는 거예요.

에레라   당신이 보기에 레종데타의 함의들은, 당신이 말하기에 범죄가 정치 영역을 침범했다는 것은 어떤 방식으로 우리 사회에 특유한 건가요? 이건 정말로 우리 시대에만 특유한 문제인가요?

아렌트   이건 propre à notre époque(우리 시대의 고유한 특성)으로…… 나는 정말로 그렇게 생각해요. 국적을 불문한 사건들이 propre à notre époque이고, 그 사건들은 다양한 국면에서, 다양한 나라와 다양한 인종 사이에서 거듭 되풀이돼요. 그런데 우리가 이런 일반적인 문제들에 도달한다면, 범죄행위가 정치 과정에 엄청난 규모로 침범하는 것 역시 propre à notre époque이에요. 이게 무슨 말이냐면, 옳건 그르건 항상 레종 데타로 옹호되는 범죄들을 훨씬 초월하는 무엇인가 있다는 뜻이에요. 그 범죄들은 원칙상 늘 예외니까요. 한데 우리는 이 나라에서 존재 자체가 범죄인 정치 스타일을 갑작스레 직면하고 있어요.

이 나라에서 그건 결코 규칙에 예외가 아니에요. 그들이 하는 말은, 우리가 그토록 특수한 비상 상황에 처해 있기 때문에 대통령 자신을 포함한 모든 사람을 도청해야만 한다는 게 아니에요. 그냥 도청이 정상적인 정치 과정에 속한다고 생각하는 거죠. 그리고 그와 비슷하게 그들은, 도둑질을 한번 하고 정신과 의사의 사무실에 한번 침입하고 나면 절대 다시는 그런 일을 하지 않겠다 하는 식으로도 말하지 않아요. 이 말은 '배관공들(plumbers)'이라 불리는 백악관 비밀특별조사팀이 정신과 의사 루이스 필딩의 사무실을 턴 사건을 가리킨다. 그들은 펜타곤 문서를 누출했던 전직 군사분석가 대니얼 엘스버그(Daniel Ellsberg, 1931~)의 신빙성을 떨어뜨릴 자료를 찾고 싶어 했다 ―원주. 펜타곤 문서는 통킹 만 사건이 조작이었다는 내용 등을 담은 국방부의 기밀 문서다. 그들은 사무실 침입이 절대적으로 적법한 일이라고 말하죠.

따라서 국가 안보라는 이 전체적인 사안은 당연히 국가이성이라는 사안에서 비롯했어요. 국가 안보라는 사안은 유럽에서 직접 수입해 온 거예요. 물론 독일인과 프랑스인, 이탈리아인 들은 그걸 전적으로 정당한 것으로 인식해요. 그들은 늘 그런 상황에서 살아왔으니까요. 그런데 그 국가이성이라는 것은 미국의 독립혁명이 깨부수려고 의도했던 정확히 그 유럽적인 유산이에요.

*

에레라 　펜타곤 문서에 관한 에세이「정치에서의 거짓말Lying in Politics: Re-
flections on the Pentagon Papers」, 〈뉴욕리뷰오브북스〉, 1971. 11. 18, 30~39쪽
—원주. 뒤에 『공화국의 위기』에 수록되었다에서 당신은 당신이 "전문적
인 해결사들professional problem-solvers"이라고 부르는 사람들의
심리를, 당시 미국 정부의 고문이었던 사람들의 심리를 묘사
합니다. "그들은 해결사라는 점에서 탁월하다. 그들은 단순히
지능이 좋다는 데서 그치지 않고 자신들이 '합리적'이라는 사
실을 자랑스러워하기 때문에 '감상성sentimentality'을 상당히 무
서울 정도로 웃돌고 '이론'과, 순수한 정신 활동의 세계와 사
랑에 빠져 있다……."

아렌트 　끼어들어도 될까요? 나는 그것으로도 충분하다고 생각해요.
이 과학적 사고방식을 보여주는 대단히 좋은 사례가, 정확히
펜타곤 문서들에서 가져온 사례가 있어요. 그 사례는 다른 모
든 통찰을 모조리 압도해요. 당신도 '도미노이론'에 대해 알
거예요. 1950년부터 펜타곤 문서가 공개된 직후인 1969년까
지 냉전을 관통한 공식 이론이었죠. 중요한 사실은 펜타곤 문
서들을 작성한 대단히 수준 높은 지식인들 중에 그 이론을 믿
은 사람은 극히 적었다는 거예요. 내 생각에 행정부 고위층에
있는 사람들 중에서는 두세 명뿐이었는데, 정확히 말해 그들

은 유달리 지적인 사람들은 아니었어요. 미스터 로스토와 테일러 장군1964년부터 1968년까지 린든 존슨 행정부에서 국가 안보 담당 특별보좌관으로 복무했던 월트 휘트먼 로스토(Walt Whitman Rostow, 1916~2003)와 1962년부터 1964년까지 케네디 행정부의 합동참모본부장으로 일하고 그 후 1년간 베트남 대사로 일했던 맥스웰 D. 테일러(Maxwell D. Taylor, 1901~1987)—원주이 그걸 진짜로 믿었던 사람들이죠.(특별히 지적인 사람들은 아니에요). 즉, 그들은 그걸 믿지 않으면서도 무슨 일을 하건 그 이론을 전제로 활동했어요. 그들이 거짓말쟁이라서 그런 게 아니었어요. 상관들을 기쁘게 해주고 싶어서 그런 것도 아니었고요—이 사람들은 그런 점에서는 정말로 괜찮은 사람들이었어요. 도미노이론은 그들이 활동하는 데 필요한 사고 체계를 제공했어요. 그들은 도미노이론의 가정들이 사실상 틀렸다는 것을 알고 있었는데도—그리고 지적으로 작성된 모든 보고서와 현실 분석이 아침마다 그들에게 틀렸다는 걸 입증했는데도—이 사고 체계를 채택했어요. 그들이 그걸 채택한 것은 다른 사고 체계를 갖고 있지 않아서였어요.

*

에레라 　내가 보기에 우리 세기는 역사적 결정론historical determinism에 바탕을 둔 고집스러운 사고방식에 지배당하는 것처럼 보입니다.

아렌트 　맞아요. 나는 역사적 필연에 대한 이런 믿음에는 대단히 홀

룡한 이유들이 있다고 생각해요. 이 전체적인 사안과 관련한 골칫거리는, 이건 정말로 미해결된 안건인데, 다음과 같아요. 우리는 미래를 몰라요. 세상 사람은 누구나 미래를 감안하면서 행위를 하지만 어느 누구도 자신이 하고 있는 일이 무엇인지 몰라요. 미래는 현재 만들어지는 중이니까요. 행위는 '우리'가 하는 것이지 '나'만 하는 게 아니에요. 내가 유일한 사람인 곳이 있다면, 나 혼자만 있다면, 내가 하고 있는 일을 바탕으로 앞으로 무슨 일이 일어날지 예언할 수 있겠지만요. 이런 점이 실제로 세상에서 일어나는 일들을 전적으로 불확정한 것처럼 보이게 만들어요. 우발성은 정말로 모든 역사를 결정하는 가장 큰 요인 중 하나에요. 미래는 어마어마하게 많은 변수들에, 달리 말해 단순한 hasard(우연)에 지나치게 많이 의존한다는 간단한 이유 때문에, 앞으로 무슨 일이 일어날지 아는 사람은 아무도 없어요. 한편 당신이 역사를 회고적인 시선으로 돌아본다면, 당신은—이 모든 일이 우연한 것이었다고 해도—사람들에게 앞뒤가 척척 맞아떨어지는 이야기를 들려줄 수 있어요. 그건 어떻게 가능할까요? 모든 역사철학 입장에서는 바로 그것이 진정한 문제예요. 과거를 돌아보면 역사가 항상 다른 식으로는 결코 일어날 수 없었다는 식으로 보이는 건 어째서일까요? 모든 변수가 자취를 감췄고 현실이 우리에게 그토록 압도적인 충격을 가하기 때문에 우리가 무한히 다양한 가능성을 가진 것들에 신경을 쓸 수 없는 거죠.

"사람들은 두려워해요.
두려워하는 것을 두려워해요.
그게 개인의 주요한 동기 중 하나예요"

에레라   그런데 역사가 이렇게 역사적 결정론을 반박하고 있는데도 우리 동시대 사람들이 결정론적 사고방식을 지나치게 고수한 다면 그건 사람들이 자유를 두려워하기 때문일까요?

아렌트   Ja.(맞아요.) 확실해요. 딱 맞는 말이에요. 사람들은 그렇다는 말만 하지 않을 뿐이에요. 그들이 입을 연다면 우리는 그 즉시 논쟁을 시작할 수 있어요. 그들이 그 문제를 말하려고만 든다면요. 사람들은 두려워해요. 두려워하는 것을 두려워해 요. 그게 개인의 주요한 동기 중 하나예요. 사람들은 자유를 두려워해요.

에레라   자신이 추진하던 정책이 실패하기 직전이라고 깨달은 유럽의 부처 장관이, 그걸 바로잡을 연구 결과를 내놓으려고 정부 바 깥에서 온 전문가들로 팀을 꾸리는 게 상상이 되십니까?

아렌트   그건 extérieur de l'administration(정부 바깥)에서가 아니었어 요. 세계 곳곳에서 온 사람들뿐 아니라······

에레라   맞는 말입니다만, 정부 바깥의 사람들도 관여했습니다. 그러 니 당신은 동일한 상황에 처한 유럽 장관이 어떻게 그런 일이 일어났는지 알아보려고 연구를 의뢰하는 게 상상이 되세요?

아렌트   물론 상상이 안 되죠.

에레라   왜 안 되나요?

아렌트   국가이성 때문에요. 그가 어떤 느낌을 받을 거냐면…… 그는 즉시 사태를 은폐하는 작업에 착수할 거예요. 맥나마라의 태도맥나마라는 케네디 정권의 국방장관으로 미국의 베트남 군사개입을 정당화하는 데 앞장섰다가 훗날 그에 반대하는 입장을 취했다를 보면…… 그러니까 나는 이런 문장을 인용했어요.아렌트는 그녀의 글 「정치에서의 거짓말」에 쓴 제명題銘을 가리키고 있다. 그 제명은 로버트 S. 맥나마라에게서 따온 다음 인용문이다. "세계 최강대국이 국익에 도움이 되는 일인지 열띠게 논쟁 중인 이슈에 굴복시키겠다고 조그마한 후진국에 맹공을 퍼부어 일주일에 1000명씩 민간인을 살해하거나 부상 입히는 모습은 보기 좋은 모습이 아니다."―원주. 맥나마라는 말했어요. "우리가 거기서 하고 있는 일들은 썩 근사한 모습이 아니다. 도대체 이 나라에서는 무슨 일이 벌어지고 있는가?" 이게 미국적인 태도예요. 이건 그들이 설령 그릇된 길로 들어섰더라도 사태가 여전히 괜찮았다는 것을 보여줘요. 그런 사태로부터 교훈을 얻고 싶어 한 맥나마라가 있었기 때문에 상황은 여전히 괜찮았어요.

에레라   당신은 미국의 지도자들이 현재 다른 상황들에 직면했는데도 여전히 알고 싶어 한다고 생각하나요?

아렌트　아뇨, 나는 다른 상황들이 남았다고 생각하지 않아요. 모르겠
　　　　어요. 아니, 아니에요. 내 말을 철회할게요. 하지만 나는……
　　　　내가 잘못 생각하는 게 아니라면, 나는 맥나마라가 닉슨이 작
　　　　성한 정적政敵 리스트에 들어 있었다고 생각해요. 그 내용을
　　　　오늘 〈뉴욕타임스〉에서 봤어요. 맞는 말이라고 생각해요. 그
　　　　리고 이건 이미 이 모든 태도가 미국 정치에서—즉, 최고위
　　　　층 수준에서—자취를 감췄다는 것을 보여줘요. 그 계층에 그
　　　　런 태도는 더 이상 존재하지 않아요. 그들은 국민이 이미 이
　　　　미지메이킹을 신뢰한다고 믿었어요. 그러더니 지금은 심각한
　　　　고민에 빠져 있어요. '우리는 왜 이미지메이킹에 성공하지 못
　　　　했을까?' 그건 이미지에 불과했을 뿐이라고 말할 사람도 있
　　　　어요. 하지만 이제 그들은 세상 모든 사람이 그들의 이미지를
　　　　믿기를 원하고, 어느 누구도 그 이미지 너머를 보지 않기를
　　　　원해요. 그건 물론 완전히 다른 정치적 의지political will예요.

에레라　풀브라이트 상원의원이 "권력의 오만"을 명명하고에레라는 아
　　　　칸소 상원의원 제임스 풀브라이트가 1966년 저서 『권력의 오만The Arrogance of
　　　　Power』에서 내놓은 개념을 언급하고 있다. 풀브라이트는 책에서 미국 정부가 베
　　　　트남전을 벌이는 정당한 이유라면서 제시한 사유들을 비난했다—원주, 우리가
　　　　'지식의 오만arrogance of knowledge'이라고 부를지도 모르는 것
　　　　이 등장한 후, 오만이라고 부를 만한 세 번째 단계가 있을까
　　　　요?

아렌트　있어요. 그게 l'arrogance tout court(그저 오만)인지 아닌지는

176

모르겠어요. 그건 타인을 지배하려는 의지예요. 그렇지만 지금까지는 성공을 거두지 못했어요. 왜냐하면 내가 여전히 당신과 이 테이블에 앉아 꽤나 자유로이 얘기를 나누고 있으니까요. 따라서 그들은 아직까지는 나를 지배하지 못한 거죠. 어쨌든 나는 두렵지 않아요. 내가 잘못 생각하는 건지 모르지만, 나는 이 나라에서 완벽하게 자유롭다고 느껴요. 그러니 그들은 성공하지 못했어요. 닉슨이 벌인 이 사태 전부를 "무산된 혁명abortive revolution"이라고 부른 사람이 모겐소Hans Morgenthau, 1904~1980. 국제관계와 외교정책 분야의 영향력 있는 학자로 『국가 간의 정치』 저자—원주였던 것 같군요. 자, 우리는 그게 무산됐는지 여부를 아직은 몰라요—그가 그런 말을 했을 때는 사태 초기였죠. 하지만 우리가 할 수 있는 말이 하나 있어요. 그게 그다지 성공적이지는 않았다는 거요.

*

에레라   그런데 요즘 커다란 위협은 정치가 추구하는 목표들에는 한계가 없다는 생각 아닌가요? 자유주의liberalism는 결국 정치적 목표들에는 한계가 있다는 생각을 전제로 합니다. 요즘 가장 큰 위협은 스스로를 한계 없는 목표로 설정하는 사람 및 운동의 발흥에서 비롯하지 않나요?

아렌트   나 자신이 내가 자유주의자라는 걸 전혀 확신하지 못하겠다고 말할 때 당신이 충격을 받지 않았으면 좋겠네요. 있잖아요, 나는 결코 자유주의자가 아니에요. 그리고 나는 이런 의미에서는 어떤 신조도 갖고 있지 않아요. 나는 하나의 주의ism라고 부를 수 있는 명확한 정치철학이 없어요.

에레라   당연히 그렇겠죠. 하지만 당신의 철학적인 심사숙고는 자유주의 사상의 토대 안에서, 그것이 고대로부터 차용한 사상들과 함께 이뤄집니다.

아렌트   몽테스키외가 자유주의자인가요? 내가 고려하는 모든 사람을 당신은 그리 가치가 없는 사람이라고 말할 건가요…….
내 말은 "moi je me sers où je peux(나는 할 수 있는 일을 마음대로 할 거예요)". 나는 내가 취할 수 있고 나한테 적합한 것은 무엇이건 취해요. 우리 시대의 커다란 이점 중 하나는 르네 샤르René Char, 1907~1988. 20세기 중반의 프랑스 시인가 말하기도 했죠. "Notre héritage n'est garanti par aucun testament.(우리가 물려받은 유산을 보장하는 유언장은 존재하지 않는다.)"샤르의 올바른 인용문은 "Notre héritage n'est précédé d'aucun testament"으로 『히프노스의 장 Feuillets d'Hypnos』(갈리마르, 1946)에 있는 문장이다. 아렌트는 이 인용문을 『과거와 미래 사이』를 여는 문장으로 사용하는데, 이 책에서 그녀는 이 문장을 "우리가 물려받은 유산은 유언장 없이 우리에게 남겨졌다"로 옮겼다―원주.

에레라   ……어떤 유언장도 앞서 존재하지 않았다…….

아렌트   ……n'est précédé par d'aucun testament. 이건 어느 곳에서

건 우리가 과거 경험과 사유를 나름껏 취하는 데 전적으로 자유롭다는 뜻이에요.

에레라 그런데 이런 극단적인 자유는 몇몇 기성 이론, 기성 이데올로기를 찾아내 적용하길 좋아하는 많은 동시대 사람에게 경고 신호가 되지 않을까요?

아렌트 Certainement. Aucun doute. Aucun doute.(분명히 그렇죠. 의심할 여지가 없어요. 정말 그래요.)

"사유한다는 말은 항상 비판적으로 생각한다는 뜻이고,
비판적으로 사유하는 것은
늘 적대적인 태도를 취하는 거예요"

에레라 이런 자유가 소수 사람들, 그러니까 새로운 사고방식을 고안해낼 만큼 충분히 강인한 사람들의 자유를 위험에 빠뜨리지는 않을까요?

아렌트 Non. Non.(아뇨, 아니에요.) 그건 오로지 모든 인간은 사유하는 존재고 나처럼 심사숙고할 수 있는 존재라는, 그래서 원할 때는 스스로 판단할 수 있는 존재라는 확신에만 의지해요. 그의 내면에서 이런 소망을 이끌어내는 법은 나도 몰라요. 내 생각에 우리에게 도움을 줄 수 있는 유일한 것은 réfléchir(심사숙고)하는 거예요. 그리고 사유한다는 말은 항상 비판적으로 생각한다는 뜻이고, 비판적으로 사유하는 것은 늘 적대적인 태도를 취하는 거예요. 실제로 모든 사유는 엄격한 법칙, 일반적인 확신 등으로 존재하는 것은 무엇이건 기반을 약화시켜요. 사유하다가 일어나는 모든 일은, 거기에 존재하는 것은 무엇이건 비판적으로 검토할 대상이 돼요. 즉, 사유 자체가 그토록 위험한 일이라는 단순한 이유 때문에, 위험천만한 사유란 존재하지 않아요. 이걸 어떻게 확신하느냐면…… 나는 아무 생각도 하지 않는 편이 훨씬 더 위험하다고 생각하거든요. 사유가 위험하다는 것을 부인하지는 않아요. 하지만 나는 사유하지 않는 것이, ne pas réfléchir c'est plus dangereux encore(사유하지 않는 것이 훨씬 더 위험하다)고 말할래요.

에레라   르네 샤르가 한 말로 돌아가보죠. "우리가 물려받은 유산에는 어떤 유언장도 없었다." 당신은 20세기가 물려줄 유산이 무엇이라고 생각하나요?

아렌트   당신도 알듯 우리는 여전히 20세기를 살고 있어요. 당신은 젊고 나는 늙었지만, 우리 두 사람은 여전히 20세기를 살고 있어서 다음 세기에 무엇인가를 물려주기는 힘들어요.

에레라   우리는 21세기에 무엇을 물려주게 될까요? 이미 20세기의 사 반세기가 세 번이나 지났는데요…….

아렌트   전혀 모르겠어요. 나는 현대미술이 현재 상당히 심오한 지점

웨슬리언대학교 재직 시절, 1960년대 초

에 있다는 것은 확신해요……. 20세기의 첫 40년 동안 특히 프랑스에서 보였던 그런 엄청난 창조성을 생각하면 이건 물론 대단히 자연스러운 일이에요. 그러고 나면 어떤 고갈이 시작되겠죠. 우리는 그걸 남겨줄 거예요. 이 시대, 20세기 전체는 역사상 가장 위대한 세기 중 하나가 될 테지만 정치 분야에서는 그렇지 않을 거예요.

에레라   미국은요?

아렌트   아니, 아니, 아니에요…….

에레라   왜죠?

아렌트   있잖아요, 이 나라는…… 이 나라 국민들에게는 특정한 정도의 전통이 필요해요.

에레라   미국에는 미술적 전통이 존재하지 않는다는 건가요?

아렌트   없어요. 위대한 전통이 존재하지 않아요. 시 분야에는 위대한 전통이 있고 소설 분야에도, 그러니까 문학 등의 분야에는 위대한 전통이 있어요. 그런데 우리가 진정 유일하게 언급할 만한 분야는 건축이에요. 석조 건물들은 돌로 얼어붙은 유목민들의 텐트와 비슷해요.

*

에레라   당신은 저작을 통해 유대인과 반유대주의의 현대사를 빈번하게 논의해왔습니다. 당신은 저서 중 한 권의 결론에서 19세기 말에 시오니즘 운동이 탄생한 것은 유대인들이 반유대주의에 시달리다가 보인 유일한 정치적 대응이었다고 말합니다.『전체주의의 기원』, 하코트 브레이스 앤 월드, 1951, 155쪽―원주. 이스라엘이라는 국가의 존재는 세상에 살고 있는 유대인들의 정치적·심리적 맥락을 어떤 방식으로 바꿔놓았나요?

아렌트   모든 것을 바꿔놓았다고 생각해요. 오늘날 유대인들은 이스라엘 뒤에서 정말로 단결돼 있어요.이 발언은 당시 일어난 사건들을 배경으로 이해해야 마땅하다. 1973년 10월 6일, 이집트와 시리아가 이스라엘을 공격하면서 욤키푸르 전쟁이 촉발됐다―원주. 유대인들은 아일랜드인, 영국인, 프랑스인처럼 자신들에게도 국가가 있다고, 자신들을 정치적으로 대표하는 조직이 있다고 느껴요. 그들은 고국이 있고, 더불어 민족국가를 이루고 있어요. 아랍인들을 향한 그들 전체의 태도는 당연히 이런 인식에 크게 의존해요. 중부 유럽 출신의 유대인들은 거의 본능적으로, 무조건적으로 이런 인식을, 즉 국가는 모름지기 민족국가여야만 한다는 인식을 갖고 있어요.
　　　자, 이스라엘 또는 예전에 팔레스타인이었던 지역과 디아스포라의 관계는 전체적으로 변했어요. 예전에 폴란드는 시오니스트들이 폴란드의 가난한 유대인들을 위해 부유한 유대인들에게서 돈을 얻으려고 애쓰던 곳이었는데 요즘 이스라엘은 더 이상 폴란드의 그런 약자를 위한 피난처가 아니니까요. 오늘날 이스라엘은 실제로 세계 전역에 있는 유대인을 대표하는, 유대인의 대리인이에요. 우리가 그걸 좋아하느냐 싫어하느냐 여부는 별개의 문제예요. 하지만…… 이런 말을 한다고 해서 디아스포라 유대교의 생각이 이스라엘 정부의 의견과 항상 일치해야 한다는 뜻은 아니에요. 그건 정부의 문제가 아니라 국가의 문제예요. 그리고 국가가 존재하는 한, 이 국가는 당연한 말이지만 세계인들의 눈앞에서 우리를 대표해요.

"국적을 바꿀 수 있고 다른 문화를 흡수할 수 있는
지식인들이 느끼는 감정은 통일체로서의
한 민족의 감정과 일치하지 않아요"

에레라   10년 전, 프랑스 작가 조르주 프리드만Georges Friedmann, 1902~1977은 『유대 민족의 종말?Fin du peuple juif?』(갈리마르, 1965)이라는 책을 썼습니다. 이 책에서 그는 미래에 한편에는 신생국 이스라엘이 있을 것이고, 다른 편에는 디아스포라로 살다가 거주하던 나라에 동화돼 차츰 고유한 특징을 잃어갈 유대인들이 있을 것이라고 결론 내렸습니다.

아렌트   Cette hypothèse(이 가정은) 무척 그럴듯하게 들리지만 내 생각에는 꽤나 틀렸어요. 고대에, 유대인의 국가가 여전히 존재하는 동안에도 이미 엄청난 수의 유대인 디아스포라가 있었어요. 많은 상이한 형태의 정부와 국가가 있었던 여러 세기를 거치면서, 수천 년의 세월을 견디며 살아남은 유일한 고대 민족인 유대인은 결코 동화되지 않았어요…… 유대인이 동화될 수 있는 사람들이었다면 이미 오래전에 동화되고도 남았을 거예요. 스페인 지배기에도 그럴 기회가 있었고, 로마 지배기에도 그럴 기회가 있었어요. 18세기와 19세기에도 당연히 그럴 기회가 있었고요. 자, 민족은, 집단은 스스로 목숨을 끊지는 않아요. 미스터 프리드만은 틀렸어요. 그는 지식인들의 감정을 이해하지 못하니까요. 국적을 바꿀 수 있고 다른 문화를 흡수할 수 있는 지식인들이 느끼는 감정은 통일체로서의 한 민족의 감정과 일치하지 않아요. 우리 모두가 알고 있는 그런 법률들로 구성된 국가의 국민들 감정하고는 특히 더 일치하지 않아요.

에레라   유대인이 미국 사회에 동화된다는 것은 무슨 의미인가요?

아렌트   글쎄요, 우리가 동화된 유대인에 관해 말할 때 그건 주위를 에워싼 문화에 동화되는 것을 뜻하는데, 그런 건 존재하지 않아요. 이 나라에 있는 유대인들이 어디에 동화돼야 마땅한지에 관해 친절하게 설명 좀 해줄래요? 아일랜드인의 문화에? 독일인의 문화에? 프랑스인의 문화에? 이 나라에 온 사람들…… 제각각의 문화에?

에레라 사람들이 미국의 유대인들은 대단히 미국화됐다고 말할 때, 그러니까 그냥 '미국인들'이라고 하지 않고 '미국화된 사람들'이라고 말할 때 그들이 말하고자 하는 바는 무엇일까요?

아렌트 생활방식을 뜻하는 거죠. 그리고 이 유대인들은 모두 대단히 훌륭한 미국 시민이에요……. 그 말이 뜻하는 바는 그들의 사생활도 아니고 사회생활도 아닌, 공적인 생활이에요. 그리고 오늘날 그들의 사생활과 사회생활은 전보다 더 유대적이죠. 엄청나게 많은 젊은 세대가 히브리어를 배워요. 히브리어를 전혀 모르는 부모에게서 태어났더라도요. 그리고 중요한 점에서는, 즉 당신은 이스라엘 편인가 아닌가 하는 점에서 그들은 이스라엘 편이에요.

이 나라에 왔고 나랑 같은 세대에 속하는 독일계 유대인을 예로 들어보죠. 그들은 미국에 오자마자 대단히 민족주의적인 사람이 됐어요. 이전까지만 해도 나는 시오니스트였고 그들은 아니었는데도 나보다 훨씬 더 민족주의적인 사람이 됐죠. 나는 나 자신을 독일인이라고 말해본 적이 단 한 번도 없어요. 나는 늘 내가 유대인이라고 말했어요. 그런데 민족주의적으로 변한 그 사람들은 지금은 동화됐어요. 어디에요? 유대인 공동체에요. 그들은 동화되는 데 익숙한 사람들이니까요. 그들은 미국의 유대인 공동체에 동화됐는데, 이건 그들이 새로운 개종자가 품는 열정을 품고서 특히 민족주의적이면서 이스라엘을 편드는 사람으로 변했다는 걸 뜻해요.

에레라   역사 내내, 유대 민족의 생존을 보장했던 것은 주로 종교적인
         종류의 유대감이었습니다. 우리는 종교가 전체적으로 위기를
         겪고 있는 시대에, 사람들이 종교라는 족쇄를 느슨하게 하려
         고 애쓰는 세계에 살고 있습니다. 이런 상황에서, 현 시기에
         세계 도처에 있는 유대 민족의 통일성을 이뤄내는 것은 무엇
         인가요?

아렌트   내 생각에 당신은 이 논지와 관련해서 약간 틀렸어요. 종교
         를 말할 때 당신은 당연히 교리와 믿음의 종교인 기독교를 떠
         올려요. 그런데 기독교의 그런 성격이 유대교에 고스란히 적
         용되는 것은 아니에요. 유대교는 민족과 종교가 일치하는 민
         족종교예요. 유대인들이, 예를 들어, 세례를 인정하지 않으
         며 유대인 입장에서는 세례가 있어본 적도 없는 것처럼 생
         각한다는 걸 당신도 알 거예요. 즉, 유대인은 유대인의 법
         을 따르는 유대인으로 존재하길 절대로 멈추지 않아요. 누군
         가 유대인 어머니의 몸에서 태어나는 한—la recherche de la
         paternité est interdite(그는 자기 아버지가 누구인지 알아내려고
         노력하는 걸 금지당했다)—그는 유대인이에요. 종교가 무엇이
         냐 하는 개념은 완전히 다른 개념이에요. 기독교라는 특별하
         고 구체적인 의미에서 볼 때 유대교는 종교라기보다는 생활
         방식에 더 가까워요. 내가 유대식 가르침을 받고 종교적 가르
         침을 받은 게 기억나요. 열네 살쯤이었는데, 나는 물론 선생
         님한테 반항하고 싶었고 선생님한테 뭔가 끔찍한 짓을 하고
         싶었어요. 자리에서 일어나 "저는 하느님을 믿지 않아요" 하

고 말했죠. 그랬더니 선생님이 이러더군요. "누가 너한테 믿으라던?"

*

에레라   1951년에 출판된 당신의 첫 책 제목은 『전체주의의 기원』입니다. 이 책에서 당신은 단순히 특정 현상을 묘사하는 데 그치지 않고 그 현상을 설명하려고 애썼습니다. 따라서 이렇게 묻고 싶습니다. 당신이 보기에 전체주의란 무엇인가요?

아렌트   Oui, enfin(맞아요, 결국)······ 다른 사람들은 동의하지 않는 특정한 구분을 지으면서 시작할게요. 우선 전체주의적 독재 정권은 단순한 독재 정권이 아니고 단순한 전제 정권도 아니에요.

나는 전체주의적 정부를 분석할 때 전에는 알려져 있지 않던 새로운 형태의 정부로 분석하려고 애썼어요. 그래서 그런 정부의 주요 특징을 열거하려고 애썼죠. 그런 특징들 가운데서 오늘날 존재하는 모든 전제 정권에는 전혀 존재하지 않는 특징 하나를 당신에게 상기시키고 싶군요. 무고한, 죄를 지은 적이 없는 희생자 역할이 그 특징이죠. 스탈린 치하에서 살던 사람들은 무슨 짓을 저질러서 강제로 추방당하거나 목숨을 잃은 게 아니에요. 사람들에게는 역사의 역동성에 따라 각자의 역할이 주어졌고, 그러면 무슨 일을 하는 사람인가와 상관없이 그 역할을 수행해야 했어요. 이 점과 관련해서 그 이전

The Origins of Totalitarianism

This book lays bare for the first time the roots of twentieth-century man's political and human tragedy: totalitarianism.

HANNAH ARENDT

『전체주의의 기원』(1951)

의 어떤 정부도 "예"하고 말했단 이유로 사람들을 죽이지는 않았어요. 어떤 정부가 또는 어떤 폭군들이 사람을 죽인 것은 대체로 "아니요"하고 말했다는 이유에서였죠. 어떤 친구가 몇 세기 전에 중국에서도 대단히 유사한 일이 있었다는 얘기를 나한테 해줬어요. 즉, 주제넘게 윗사람 말에 찬동한 사람은 윗사람에게 반대한 사람보다 나을 게 없었다는 거예요. 이것은 물론 전체주의의 전형적 표식이에요. 전체주의에서는 인간들이 인간들을 전체적으로 지배하죠.

자, 오늘날 이런 의미의 전체주의는 존재하지 않아요. 우리가 여태껏 알았던 중 최악의 전제정치를 하는 러시아에서도 그래요. 러시아에서조차 오지로 추방당하거나 노동수용소에 구금되거나 정신병동에 강제 입원되려면 무슨 짓인가를 저질러야만 해요.

자, 우리 전제 정권이 무엇인지 잠시 알아보도록 해요. 결국 모든 전체주의 정권은 유럽 다수의 정부가 이미 독재자들 손에 떨어졌을 때 생겨났으니까요. 독재 정권은, 우리가 그 개념의 애초 의미를 취한다면, 전제 정권이 아니에요. 독재 정권에서는 보통 전시戰時거나 내전 중이거나 그와 비슷한 비상시에만 일부 법률들이 일시 유예돼요. 어쨌든 독재 정권은 활동 영역이 제한돼 있지만 전제 정권은 그렇지 않아요…….

*

아렌트   『예루살렘의 아이히만』을 집필한 의도 중 하나는 악惡이 위

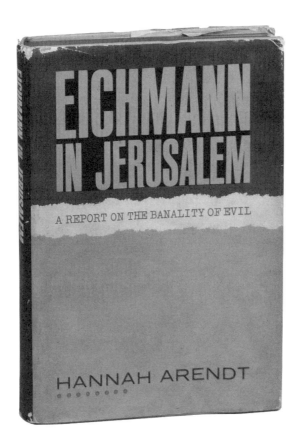

『예루살렘의 아이히만』 (1963)

대하다는 통설을, 악마 같은 세력이 위대하다는 통설을 깨뜨리고, 사람들이 리처드 3세 같은 엄청난 악인들에게 품고 있는 존경심을 사람들에게서 걷어내는 것이었어요. 브레히트에게서 이런 문장을 찾아냈어요.이 인용문은 『작품집: 베를린과 프랑크푸르트 판본에 대한 견해Werke: Große kommentierte Berliner und Frankfurter Ausgabe』(주어캄프, 1988, 24:315~19)에 실린 희곡 「아르투로 우이의 저지 가능한 출세Der aufhaltsame Aufstieg des Arturo Ui」에 단 브레히트의 주에서 가져왔다—원주. "거물 정치범들은 사람들 앞에, 특히 폭소 앞에 노출시켜야 한다. 그들은 거물 정치범들이 아니라 거대한 정치적 범죄를 저지른 사람들로, 이 둘은 완전히 다른 것이다. 히틀러가 벌인 일들이 실패했다는 게 그가 멍청이였음을 보여주지는 않는다." 자, 히틀러가 멍청이라는 것은 물론 모든 사람이 가진—히틀러의 정권 장악 이전에 히틀러를 반대했던 모든 사람이 가진—편견이에요. 따라서 대단히 많은 책이 히틀러를 옹호하면서 그를 위대한 인물로 만들려고 애썼어요. 그래서 브레히트는 이렇게 말했죠. "히틀러가 실패했다는 게 그가 멍청이였다는 것을 보여주지도 않았고, 그가 벌인 일의 규모가 그를 위대한 인물로 만들어주지도 않았다." 즉, 멍청이도 위대한 인물도 아니란 얘기죠. 이 모든 범주의 위대함에는 마땅히 적용할 대상이 없어요. 브레히트는 말하죠. "조무래기 사기꾼이 위대한 사기꾼이 되는 걸 지배계급이 허용한다면, 그는 우리의 역사적 관점에서 볼 때 특권적 위치에 설 자격이 없다. 즉, 그가 위대한 사기꾼이 됐다는 사실과 그가 한 일이 엄청난 결과를 낳았다는 사실이 그의 위상에 덧붙지는 않는다." 그(브레히트)는 그러고는 다음과 같은 갑작스러운 말을 했어요. "비극은 인류가 겪는 고통을 희극이 그러는 것보다 덜 진지한 방식으로 다룬다고 할 수 있다."

이건 물론 충격적인 발언이에요. 동시에 나는 전적으로 맞는 말이라고 생각해요. 정말로 필요한 것은—당신이 이러한 상황에서도 진실성을 유지하고 싶다면—그러한 상황들을 살피던 오랜 방식들을 기억해내고 이렇게 말할 수 있어야 한다는 거예요. 무슨 일을 하건, 설령 그가 1000만 명을 죽였더라도 그는 여전히 어릿광대다.

"당시 내 폭소는 이를테면 순진무구한 폭소였고,
되새겨볼 것 없는 폭소였죠.
내가 목격한 것은 어릿광대였거든요"

에레라   아이히만 재판에 관한 당신의 책은 출판되자 대단히 격렬한 반응을 여럿 이끌어냈습니다. 그런 반응들이 나온 이유가 무엇일까요?

아렌트   으음, 앞서 말했듯 이 논란은 부분적으로는 내가 관료제를 공격했다는 사실에서 초래됐어요. 관료제를 공격할 경우 당신은 관료제가 스스로를 방어할 것이고, 당신을 공격할 것이고, 당신이 하는 일을 불가능하게 만들려고 애쓸 거라는 사실에 대비하고 있어야 해요. 그건 대략 추잡한 정치적 행위예요. 자, 이 문제와 관련해서 나는 제대로 된 논쟁이라고 할 만한 것을 해본 적이 없어요. 하지만 그들이 그런 일을 하지 않았다고, 그들이 이런 캠페인을 조직하지 않았다고 가정해봐요. 그렇더라도 이 책에 대한 반대는 여전히 강했을 거예요. 유대인들이 불쾌해했잖아요. 지금 내가 말하는 유대인은 내가 정말로 존중하는 사람들을 가리키는 거예요. 따라서 나는 그들의 반대를 이해할 수 있어요. 그들은 주로 브레히트가 거론했던 그것 때문에, 폭소 때문에 기분이 상했어요. 당시 내 폭소는 이를테면 순진무구한 폭소였고, 되새겨볼 것 없는 폭소였죠. 내가 목격한 것은 어릿광대였거든요.

예컨대 아이히만은 그가 유대인에게 저지른 그 어떤 일에도 괴로워하지 않았어요. 하지만 그런 그도 한 가지 사소한 사건에는 괴로워했어요. 빈에서 유대인 공동체 회장을 심문하다가 그 사람 뺨을 때린 일이죠. 사람 얼굴을 때리는 것보다 훨씬 더 심한 일들이 많은 이에게 일어났다는 걸 세상이 다 아는데요. 하지만 그는 뺨을 때린 자신을 결코 용납하지 않았고, 그걸 대단히 그릇된 일이라고 생각했어요. 말하자면 그는 모양새가 빠졌던 거예요.

*

에레라   나치즘 문제를 다룰 때, 예를 들어 문학작품들은 나치 지도자들과 그들이 저지른 범죄를 소설적인 방식으로 그리면서 그들을 인간적으로 묘사하려고 애쓰는 경우가, 그러면서 그들을 간접적으로 옹호하는 경우가 잦습니다. 이런 문학작품들이 출현하는 이유가 뭐라고 생각하나요? 이런 종류의 출판물이 순전히 상업적이라고 생각하나요, 아니면 그보다 깊은 의미가 있을까요?

아렌트   거기에는 signification(의미 작용)이 있다고 생각해요. 적어도 그런 작품은 한번 일어난 일은 또 일어날 수 있다는 걸 보여줘요. 나는 이게 전적으로 옳은 말이라고 믿어요. 있잖아요, 사람들은 전제정치를 대단히 이른 시기에 발견했고, 대단히 이른 시기에 그 정권을 적敵으로 파악했어요. 그럼에도 세상은 폭군이 폭군으로 변하는 것을 어떤 식으로도 막지 못했어요. 세상은 네로를 막지 못했고 칼리굴라도 막지 못했어요. 그리고 네로와 칼리굴라의 경우는, 정치 과정에 범죄가 대규모로 침범하면 어떤 일이 일어나는지 알려주는 훨씬 상세한 예시를 막지 못했죠.

한나 아렌트 사후 독일에서 발행된 우표(1988)

정치는 안방의 먼지를 털어내는 일

어렸을 때 제2차 세계대전을 다룬 영화를 많이 봤다. 그랬기에 히틀러와 나치 일당을 악당들로 생각하는 건 자연스러운 일이었다. 시간이 한참 지난 후, 세계사를 공부하던 중에 히틀러가 불법적인 무력을 통해서가 아니라 "합법적인 선거"를 통해 정권을 잡았다는 걸 알게 되면서 크나큰 충격을 받았다. 그런 극악한 무리를 지지한 사람이 그렇게 많았다는 게 믿어지지 않았다. 그런데 독일과 아리아인의 영광스러운 미래를 꿈꾸며 히틀러와 나치에게 표를 던진 사람들은 어떻게 됐을까?

독일의 논란 많은 영화감독 레니 리펜슈탈이 1934년에 만든 〈의지의 승리〉는 뉘른베르크에서 열린 나치 전당대회 모습을 담은 다큐멘터리다. 작품에 등장하는 나치 지지자들의 표정은 하나같이 밝다. 히틀러를 바라보는 눈빛에는 맹목적인 종교적 숭배의 분위기가 가득하고, 나치 깃발 아래 선 그들에게서는 당과 조국을 위해 한 몸 기꺼이 바치겠다는 굳은 의지가 엿보인다. 이후로 그들은 어떻게 됐을까?

미국의 영화평론가 로저 에버트Roger Ebert. 1942~2013는 〈의지의 승리〉를 리뷰하면서 이 작품의 섬뜩한 점은 작품에 등장한 수많은 사람 대다수가 이 영화를 찍고 몇 년 안에 목숨을 잃었다는 사실이라고 썼다. 어디 그들 자신의 목숨뿐이었겠나. 그들은 다른 이들의 목숨도 무수히 빼앗았고 엄청나게 많은 이들에게 심각한 정신적·육체적 트라우마를 남겼다. 그런 일을 하면서 동원하는 수단과 방법도 가리지 않았다. 유권자들이 내린 합리적 선택을 반영한 결과라고 흔히들 생각하는 "합법적인 선거"가 그토록 극악한 세력을 키워냈다는 사실은 놀랍기만 하다.

한나 아렌트는 이 극단적인 세력의 피해자이자 목격자다. 그리고 그런 상황이 벌어지게 된 배경과 원인에 대해 오랫동안 깊이 사유해온 학자다. 그렇기에 그녀가 이 책에 실린 네 인터뷰에서 밝힌 견해는, 맞고 틀리고의 차원과는 별개로, 진지하게 곱씹어볼 가치가 있다. 내가 제대로 이해했는지는 모르겠지만, 한나 아렌트는 인터뷰 내내 정치적 사유와 행위의 중요성을 강조하고 있다. 그녀가 그런 생각을 품게 된 데는 나치에 반대하면서도 적극적인 저항은 하지 않고 내면적 저항 운운하며 나치의 만행을 사실상 방관한 사람들을 직접 겪은 것이 한몫했을 것이다.

정치는 혐오스럽다. 그렇게 생각하지 않는 사람은 드물 것이다. 정치는 쉴 새 없이 곰팡이가 슬고 먼지가 쌓이는, 불결하고 악취 나는 안방과 비슷하다. 안방이 그렇다는 이유로 넓은 안방을 버려두고 비좁은 골방에 웅크린 채 구시렁거리며 사는 건 바보 같은 일이다. 상황이 그렇다면 먼지와 때를 묻힐 각오를 하고는 두 팔 걷고 안방에 들어가 곰팡이와 먼지를 제거해서 사람 살 만한 곳으로 만드는 것이 옳은 일 아니겠는가. 아렌트가 강조한 정치적 사유와 행위는 바로 이런 것이라고 생각한다.

이 책에서 아렌트가 하는 말 중에는 최근 우리 사회에서 벌어진 일들에 대해 내놓은 의견인 것처럼 들리는 대목이 많다. 21세기 한국 사회에서 살아가는 내가 그녀의 견해와 주장이 마치 현재 벌어지는 일에 대한 것인 양 느끼는 것이야말로 아렌트가 정치이론 분야에서 중요한 이론가이자 혜안을 가진 사상가라는 증거일 것이다.

〈의지의 승리〉에 나오는 환호하는 독일인들의 모습은 결코 먼 나라, 옛 시대의 것이 아니다. 우리가 정치의 중요성을, 자유의 소중함을, 우리가 던지는 한 표 한 표가 만들어내는 결과가 장기적으로 어떨 것인지를 올바로 이해하지 못한다면, 정치적으로 사유하고 행위하지 않는다면, 우리는 언제라도 그런 모습을 우리 땅에서 볼 수 있을 것이다. 아렌트를 번역하는 작업은 내가 가진 한 표와 자유의 가치와 소중함을 음미하는, 결국 우리 미래는 우리가 한 선택의 결과이기에 정말로 신중하게 사유하고 행위해야 한다는 걸 깨닫게 해준 유익한 작업이었다.

그런 계기를 제공하고 원고를 가다듬어 좋은 책으로 만들어준 마음산책 여러분께 감사드린다. 아울러 해제와 더불어 용어 및 세부적인 부분에 조언을 주신 김선욱 교수께도 감사의 말씀을 올린다.

2016년 1월

윤철희